JN205161

カント批判

——『純粋理性批判』の論理を問う

Critique of Kant:
The Logic of
the ***Critique of Pure Reason***
Reconsidered

冨田恭彦

keiso shobo

たとえその際どれほど称賛され好まれた妄想が無に帰することになろうとも、誤解から生じる幻想を除去すること。これが、哲学の義務であった。

（イマヌエル・カント『純粋理性批判』第一版序言）

まえがき

私は取り立ててヘーゲルのファンというわけではない。けれども、「個人に関して言えば、誰もどのみちその時代の子であるが、哲学もまたそうであって、その時代を思想のうちに捉える」(Georg Wilhelm Friedrich Hegel, *Grundlinien der Philosophie des Rechts*, Vorrede) という彼の言葉には、まったく同感する。カントは自らの思想をもって、「時代の子」ならぬ「永遠の子」になろうとした。しかし、『純粋理性批判』で彼が繰り返し最後の拠り所とした「経験」は、それ自体がまさに、カントが「時代の子」であることの証であった。それはいったい誰の「経験」なのか。まさしく、一八世紀を生きた、カント自身が是とした経験であった。

カントは、「可能な経験」(すなわちありとあらゆる経験なるもの) に、繰り返し言及する。その可能な経験に、時空を超えたある一定の本質的なあり方を見いだそうとするのが、彼のやり方である。しかし、カントが「経験」と考えているものが「可能な経験」であり「経験一般」であることを、どうして彼は証明できたのか。カントがこの問題に触れることはない。

かつてデカルトは、若い頃から精力的に行ってきた数学的自然学の研究の中で自身の物体観を彫琢し、数学的に処理可能な性質のみを物体の本質的性質とした。この物体観が彼の形而上学に色濃く反映する。すなわち、自然学を基礎づけるべき形而上学は、明晰判明に知られる第一原理から順次構築されなければならないという自身の公式見解にもかかわらず、実際には、自然学に属するその物体観を、形而上学の重要な要素としてその中に組み込むのである。カントの『純粋理性批判』の基礎理論にもこれと同様の特徴が認められる。カントはその書の中で「明証必然的」なものしか認めないという公式見解を提示しながら、自身が信じる「経験」のあり方——自身の科学的「自然」観——を、『純粋理性批判』という形而上学の予備学の、最後の拠り所とした。つまり、カントにおいても、一八世紀という時代を生きた彼自身の自然学的見解が、形而上学的考察の基盤となっていたのである。

カントの生涯を調べるにつけ、彼が（本当は誰でも多かれ少なかれそうなのだが）、さまざまな困難（ハイデッガー流に言えば「被投性」の困難）を乗り越え、一生懸命生きてきた人だということを、私は十二分に認めたいと思う。けれども、そうした自らの時代や地域のさまざまな制約の中で思索を続けた人であるにもかかわらず、カントのなすことは、彼のときおりの言葉とはうらはらに、絶対性へのあまりに強い願望、歴史を超えた真理を自分は手にしようとしているのだという確信の潜在を、明に暗に示しているように私には思われる（これはとりわけ『純粋理性批判』第一版に著しい）。

だが、「必然的」や「ねばならない」を多用するカントに対して、「思われる」は失礼であろう。だから、感想文ではなくて、何がどうだからカントはよくないということを明言し、論理による批判を懸命に試みることによってカントに「否」を言うことが、今カントに対してなすべきことなのだと私は思う。本書で試みようとしているのは、まさしくそれである。

『純粋理性批判』の「超越論的観念論」の考え方に対する私の反論の一部は、前著『カント哲学の奇妙な歪み——『純粋理性批判』を読む』（岩波現代全書、二〇一七年）と、『カント入門講義——超越論的観念論のロジック』（ちくま学芸文庫、二〇一七年）の最終章で明示した。カントには申し訳ないが、彼は、一七世紀以来の自然科学の新たな動向と深く関わり、そこから原子仮説が持つ物そのものと現象からなる仮説的二重存在構造を自らも引き受けながら、物そのもの（物自体）を不可知として仮説的研究に背を向けるという不整合な振る舞いをした。さらに、アリストテレス以来の伝統的論理学を完成したものとみなし、それが行う判断の分類を自らの純粋知性概念（カテゴリー）の根拠とするようなふりをしながら、自らの判断表では判断の形式の恣意的・意図的取捨選択を行う。つまり、伝統的論理学よりもむしろ、自らのある思いが、取捨選択の最終根拠となっているのである。

その思いは、純粋知性概念（カテゴリー）の表に明確な姿を現す。純粋知性概念は、それによって「経験」と「経験の対象」の可能性が保証されるような概念である。したがって、外延量を持ち、内包量を持ち、実体であり偶有性であり、原因であり結果であり、相互作用をなし、偶然であったり必然であったり、単に事実そうだというだけであったりするような、そういうものが、カントにとっての経験の対象のありようなのである。

ならば、彼は、そういうものが自分にとっての「経験」だと率直に認め、そう考える歴史的根拠を丁寧に提示すべきではなかったか。しかし、彼が行ったのは、一連の議論によって、自身の見解が超歴史的なものであるかのように見せようとすることであった。

結局のところ、カントがしようとしたのは、自分自身の簡単には譲れない固守したいものを、さまざまな議論を用いて固守しようとすることであった。であるなら、「あの有名なクワイン」（der berühmte Quine――カントがロックに対してよく用いた言い回しのパロディー）が、プラハ留学から戻って間もない二〇代半ばに「アプリオリとは自分が固守したいもののことだ」と言ったのを転用すれば、カントもまた、固守したいものを固守しようと論を立ててはみたものの、結局それはあまりいい立論にはならなかったということではなかったか。だから、私は、カントには――デカルトやロックやバークリやヒュームやヘーゲルやマルクスに対してもそうではあるが――一人の頑張って生きた人間として敬意は払うものの、同時に、自身が「時代の子」でありながらそうではないかのようなふりをするのは、やめるべきだったと思う。

ある書き物で、私は「カント哲学に魅力を感じる点では人後に落ちないと思っています」と書いた（『ちくま』二〇一七年四号）。それはそのとおりである。私は『純粋理性批判』はあまり評価しないものの、人を単なる手段としてではなく目的として見ているのかというカントの『実践理性批判』での問いかけは、君たちは搾取されている人を見て見ぬふりをするのかというマルクスの問いかけと、同じ重さを持っていたと思う。カントにせよマルクスにせよ、みな時代の子である。この状況の中で、この時に、彼らは言うべきことを言ったのだ。しかも、両人の言うことは、少なくとも私には、大きな意味を持ち続けてきた。私がカンティアーナーでもマルクシストでもないにもかかわらずである。

だから、本書でカントを批判し続けるとしても、それはカントの全否定ではない。カントに対して言うべきことを言った上で、肯定できることを称揚する必要がある。私の勝手な思い込みであろうが、カントの神格化がおさまらなければ、カントの発言がニーチェやマルクスやローティのそれと同じように真に人々の心を打つことはないであろうと私は思う。

本書は6章からなる。

第1章「「独断のまどろみ」からの不可解な「覚醒」——「唯一の原理」への奇妙な道筋」では、カントが自身を「独断のまどろみ」から覚醒させたとするヒュームの警告を取り上げ、それに対するカントの対応がどのような意味で不可解なものであるかを論じる。カントとヒュームの基本的視点の乖離からして、カントがヒュームの知見を十分に踏まえていたとしたら、ヒュームからショックを受けたというのは信じがたいことであるというのが、第1章の論点である。

第2章「ロックの反生得説とカントの胚芽生得説——カントが言うほどカントとロックは違うのか?」では、空間と時間および一二の基礎概念をアプリオリなものとして扱う『純粋理性批判』の基本戦略を取り上げる。特に問題となるのは、一二の純粋知性概念である。カントは概念（ロックの場合には「観念」）をすべて経験から導いたとロックを捉え、自分はロックとは大きく違うのだと主張する。けれども、実際にロックが観念の起源をどのように扱っているかを具体的に見れば、カントとロックの捉え方に決定的な差異があるようには見えないはずである。第2章ではこの点を確認するとともに、カントが一二の基礎概念をアプリオリ化することによって、彼が固守しようとした「必然性」を本当に固守しえたかどうかを考察する。

第3章「カントはロックとヒュームを超えられたのか?――アプリオリ化の実像」では、カントがヒュームの警告に対して示した反応の是非に立ち入る。ヒュームが原因と結果の必然的結合を経験の中に(「印象」として)見いだすことができないとしたことにカントは反応し、そこから、超越論的分析論の基本となる、基礎概念のアプリオリ化の道をとった。そもそもヒュームの見解は、ロックのそれを心像論的視点からなぞったものにすぎず、カントは基礎概念のルーツを経験に求めたロックとヒュームに対して、そのアプリオリ化によって彼らを乗り越えたとする。だが実際には、カントもまた、原因と結果の結合の概念については、その運用においてロックの言う「恒常的変化」やヒュームの言う「恒常的接続」の経験に依拠する形をとっており、その知見が結局のところロックやヒュームを超えるようなものではなかったことを確認する。

第4章「そもそも「演繹」は必要だったのか?――自身の「経験」概念の絶対化」では、カントの「演繹」を取り上げる。カントは繰り返し、経験の可能性の条件を問おうとするが、自身の「経験」理解の妥当性を吟味することはない。彼の言う「経験」が、自らがそれであると考えるような「経験」であり、純粋知性概念がその経験に合うよう意図的に選択されたものであることからすれば、純粋知性概念がそうした経験の成立に不可欠のものであることを「演繹」によって示そうとすることは、自らの経験概念に基づいて選ばれた基礎概念を当の経験概念に合うからという理由で妥当であるとする、循環論法にほかならない。第4章では、カントの超越論的分析論のそうした問題性に立ち入る。

第5章「判断とカテゴリーの恣意的な扱い――カントの隠れ自然主義」では、一二のカテゴリーの四分の三を占める「量のカテゴリー」と「質のカテゴリー」と「関係のカテゴリー」を取り上げ、右に言うカントの意図的選択の実際を見る。ここでは、まず、「量のカテゴリー」と「質のカテゴリー」が、少なくともアリストテレス以来の由来を持ち、当時自然科学において重視されつつあった「外延量」と「内包量」の区別に関わるものであることを確認する。そして、それらのカテゴリーを伝統的論理学の判断の区別に由来するとすることが、いかに不当な措置であったかを論じる。また、「関係のカテゴリー」については、その背後にカントが重視した力学の法則があり、それを形而上学的に支えるために強引な議論を進めたことを指摘する。結局のところカントは、自らの経験概念の基を自らが支持する自然科学に求めながら、自然科学を支える形而上学（純粋哲学）が自然科学とは独立に成り立つかのようなふりをしている。つまり、彼の基本的立場は自然主義的なものでありながら、表面上は反自然主義の立場を標榜するという事態になっている。ここでは、これを示すことによって、『純粋理性批判』におけるカントの議論が、彼が是とした自然科学の知見を密かな基盤としながらその知見を擁護するという、「隠れ自然主義」的営みであったことを確認する。

第6章「空間の観念化とその代償――議論の浅さとその不整合の意味するもの」では、カントの空間論の是非を論じる。カントは超越論的感性論において、空間を感性にアプリオリに備わった純粋形式とする。カントはその措置によって、純粋幾何学の成立根拠が与えられると考えているが、実際に彼が提示した「構成」による方法では、概念の直観化とその普遍化が本質的役割を担っているのであって、空間のアプリオリ化はその方法に直接かみ合うものではないことがわかる。また、カントの「多様なもの」とその「総合」という考え方は、空間のアプリオリ化によって感性に与えられたものを空間中にあるとすることとどう整合するかという問題を惹起する。また、その空間のアプリオリ化は、『純粋理性批判』の初期の批評にもすでに認められるように、当時知られていた「モリニュー問題」に関する知見とどうかみ合うかという問題を残したままとなっている。第6章では、これらの問題を指摘することによって、カントの空間論がもたらす問題の再考を促す。

カントの『純粋理性批判』は、彼が原子論（粒子仮説）を肯定しなかったにもかかわらず、原子論由来の基本的枠組みを踏襲しており、また、先に述べたように、一二のカテゴリーの少なくとも四分の三が、「外延量」と「内包量」の区別、および「質量保存の法則」、「慣性の法則」、「作用・反作用の法則」という、当時の自然科学の重要な区別もしくは法則を前提として選択されたものであった。カントはデカルトと同じように、科学を形而上学によって基礎づけるという基本方針を採用したにもかかわらず、実際に彼が行ったのは、自身が是とする科学的知見を前提として、それに合うよう、形而上学（純粋哲学）的な見かけを持つ議論を構築することであった。

ディオゲネス・ラエルティオスが編集したとされる、古代の原子論の考えを含む書物がラテン語等の翻訳で読まれるようになるなど、古代の文献への新たな関心に促され、アリストテレス流の科学のあり方が行き詰まりを見せるという状況の中で、古代の原子論が復活を遂げた。西洋近代観念説は、その復活した原子論の論理を大枠として形成されたものである（この件は、拙著 *Locke, Berkeley, Kant* をはじめとして、これまでさまざまな機会にそれを明らかにするよう試みた）。そして、バークリやヒュームやカントは、この科学を基盤とした「自然主義」的大枠をそれぞれの仕方で歪めていったというのが、自身の西洋近代観念説研究を通して得た私の見方である。本書の議論は、この見方を具体的に実証しようとする試みの一環である。これによって、『純粋理性批判』のカントも、実は密かに科学的知見を基盤として形而上学を展開しようとした「隠れ自然主義者」であったということに目が向けられるようになれば、本書は一定の役割を果たしたことになるであろう。

哲学が歴史の中で進められる営みであるとすれば、相互批判は、ローティの言をまつまでもなく、われわれにとって極めて重要な、前進のための手段である。明快かつ具体的な論拠に基づく読者諸兄諸姉の鋭い反論が寄せられることを、大いに期待する。

（各国語の文献を扱うため、文献の表記に際しては可能な限りオックスフォードスタイルを基本とした。ドイツ語やフランス語の表記法に親しんでおられる読者には寛恕を請う。）

カント批判
『純粋理性批判』の論理を問う

目次

第1章 「独断のまどろみ」からの不可解な「覚醒」

——「唯一の原理」への奇妙な道筋

はじめに

カントは『純粋理性批判』第一版（一七八一年）を刊行したあと、二年後の一七八三年に『プロレゴーメナ』を出版する。その『プロレゴーメナ』の序文において、彼はデイヴィッド・ヒューム（David Hume, 1711–1776）の名前を挙げ、次のような発言を行う。

率直に告白すると、何年も前にはじめて私を独断のまどろみから目覚めさせ、思弁哲学〔＝理論哲学〕の分野における私の研究にまったく別の方向を与えたのは、まさしくデイヴィッド・ヒュームの警告であった。(1)

このカントの発言は、そこに出てくる「独断のまどろみ」（der dogmatische Schlummer）という言葉とともに、今日に至るまで、カントを解説する際には必ずと言っていいほど取り上げられることになった。

カントが著書の中で好意的に名前を挙げる哲学者としては、その筆頭にライプニッツ（Gottfried Wilhelm Leibniz, 1646–1716）がいる。カントは一七九〇年の『純粋理性の新たな批判がすべて古い批判によって無用となるという発見について』において、「『純粋理性批判』は〔……〕ライプニッツ自身のための本来的な弁明（eigentliche Apologie）たらんとするものである」(2)と述べ、彼のライプニッ

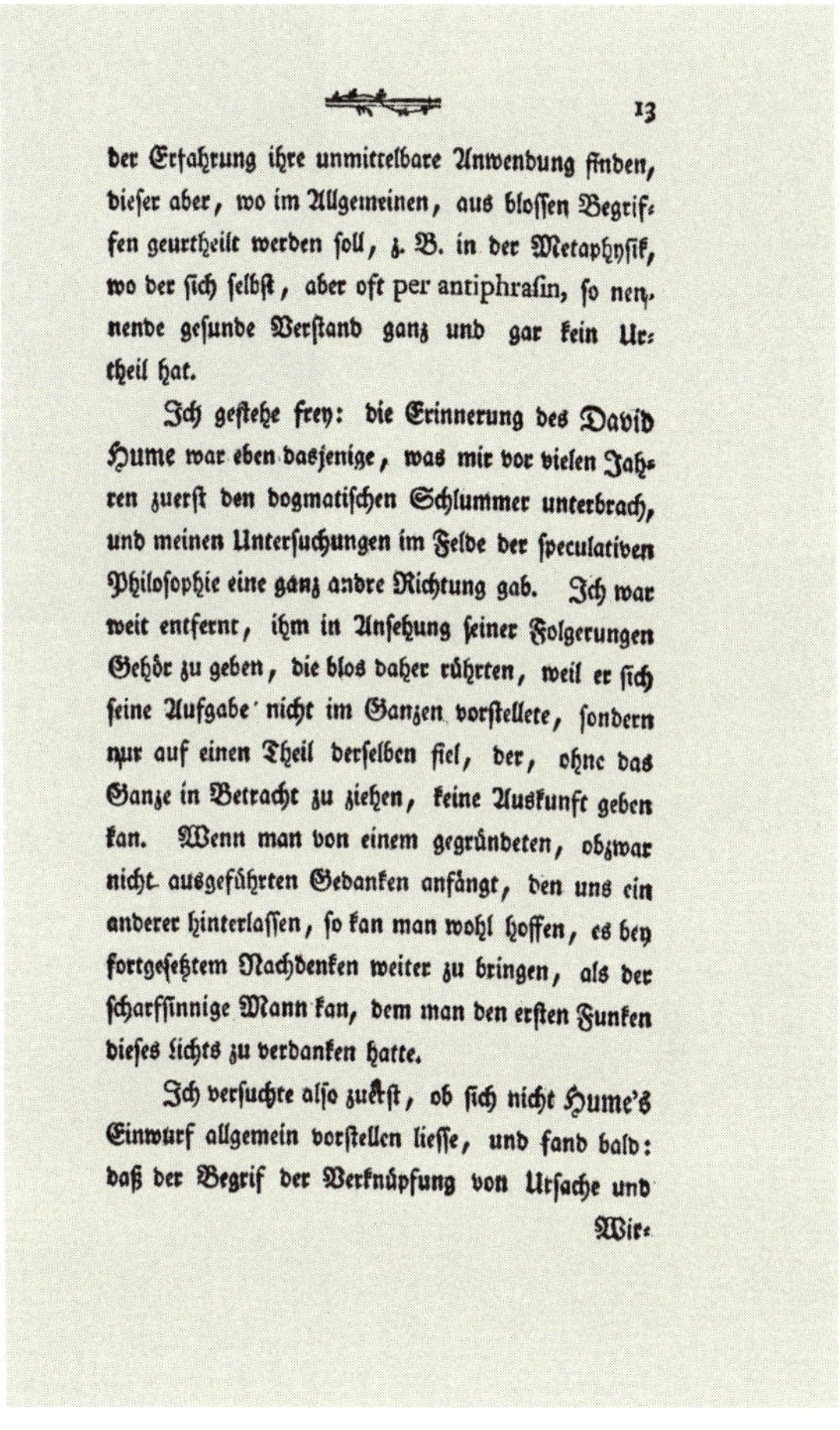
13

der Erfahrung ihre unmittelbare Anwendung finden, dieser aber, wo im Allgemeinen, aus blossen Begriffen geurtheilt werden soll, z. B. in der Metaphysik, wo der sich selbst, aber oft per antiphrasin, so nennende gesunde Verstand ganz und gar kein Urtheil hat.

Ich gestehe frey: die Erinnerung des David Hume war eben dasjenige, was mir vor vielen Jahren zuerst den dogmatischen Schlummer unterbrach, und meinen Untersuchungen im Felde der speculativen Philosophie eine ganz andre Richtung gab. Ich war weit entfernt, ihm in Ansehung seiner Folgerungen Gehör zu geben, die blos daher rührten, weil er sich seine Aufgabe nicht im Ganzen vorstellete, sondern nur auf einen Theil derselben fiel, der, ohne das Ganze in Betracht zu ziehen, keine Auskunft geben kan. Wenn man von einem gegründeten, obzwar nicht ausgeführten Gedanken anfängt, den uns ein anderer hinterlassen, so kan man wohl hoffen, es bey fortgesetztem Nachdenken weiter zu bringen, als der scharfsinnige Mann kan, dem man den ersten Funken dieses Lichts zu verdanken hatte.

Ich versuchte also zuerst, ob sich nicht Hume's Einwurf allgemein vorstellen liesse, und fand bald: daß der Begrif der Verknüpfung von Ursache und

Wir-

カント『プロレゴーメナ』初版（1783年）13ページ

2段落目に「ヒュームの警告」（Erinnerung des David Hume）に関する記述が認められる。

デイヴィッド・ヒューム

ツ評価の高さを公言している。これに対して、カントはヒュームを全面的に評価することはけっしてしなかったものの、『純粋理性批判』の基になるカントの思想的方向転換に大きく関わったのがヒュームだとカント自身が言うことから、『純粋理性批判』を論じるにあたってはヒュームとの関わりを抜きにはできず、ヒュームがカントを「独断のまどろみ」から目覚めさせたということに触れないわけにはいかなくなった。

しかし、いったいヒュームの何が、カントの研究に「まったく別の方向を与え」ることになったのか。これを具体的に確認しようとすると、われわれは、（カントには失礼ながら）彼の奇妙な説明を目の当たりにすることになる。(3) その説明がどうして奇妙なのか。これを明らかにすることが、本章の目的である。

1　カントの説明

カントは『プロレゴーメナ』の序文で、自身のこの覚醒について、次のように説明している。

ヒュームは主として形而上学の唯一の、だが重要な概念、すなわち原因と結果の結合の概念（したしとってまた、そこから派生する力や働きなどの概念）から出発し、この概念を自分の胎内で生み出したとともかく言い立てる理性に対して、あるものはそれが措定されるとそれによって別のあるものが必然的に措定されなければならないような性質のものでありうると、いかなる権利をもって考えるのか、彼に釈明し答えるよう求めた。というのも、原因という概念が意味するのは、そういうことだからである。そういった結びつきをアプリオリに概念から考えることは理性にはまったく不可能であることを、彼は反論の余地なく証明した。というのも、この結びつきは必然性を含んでいるが、あるものが存在することからどうして別のあるものもまた必然的に存在しなければならないのか、したがってまた、そのような結合の概念がどのようにしてアプリオリに導入されうるのかを、看取することができないからである。このことから彼は、理性はこの概念にまったく欺かれており、その概念は想像力の子に違いないのに理性はそれを自分の子だと誤解していると推論した。すなわち、想像力が経験に孕ませられてある表象を連合の法則のもとにもたらし、そこから生じる主観的必然性（subjective Nothwendigkeit）すなわち習慣（Gewohnheit）を、洞察から生じる客観的必然性（objective Nothwendigkeit）とすり替えたというのである。ここから彼は、理性はそうした結合を一般的な形においてすら考える能力を持っていないと結論した。というのも、事情がそういうことであれば、理性のもろもろの概念は単なる虚構であることになろうし、理性がアプリオリに成立する認識と称しているものは、すべて、誤ってそのように言い立てられているだけの、下賤の経験にほかならないだろうからである。これはまさしく、そもそも形而上学は存在せず、また、存在することはありえないと言うに等しい。(4)

カントのこの説明には、ある重要な前提がある。それは、「この概念を自分の胎内で生み出したともかく言い立てる理性」という言葉に示されている。カントは、因果関係の概念は経験から得られたものではなく、理性が自分の中で生み出したものである、という可能性を前提として、ヒュームの警告の説明を行っている。この前提は、因果性の概念が理性にアプリオリに——ある仕方で生得的に——備わっているとするに等しいものである。

ところが、ヒュームは、因果関係の概念の有用性を認めつつも、「あるものが存在することからどうして別のあるものもまた必然的に存在しなければならないのか、したがってまた、そのような結合の概念がどのようにしてアプリオリに導入されうるのかを、看取することができない」として、「そういった結びつきをアプリオリに概念から考えることは理性にはまったく不可能であることを〔……〕反論の余地なく証明した」と、カントは言う。(5)

因果関係の重要性を認めながら、因果関係がどうして必然的なのかわからないというのであれば、そこにはすでに、当の因果関係の必然性そのものを疑うことが、その時点での一つの重要な選択肢としてありえたはずである。しかし、ヒュームもカント自身もその方向には進まず、両者はいずれも、どこから因果関係の必然性が出てくるのか、それは何に由来するのかを、考察しようとする。

次節以下で確認するように、ヒュームは、この因果関係の必然性のルーツを経験に求める。あることが生起すると別のあることがそれに継起するということを繰り返し経験すると、想像力は両者の間に強い結びつき（連合）を形成し、これによって、あることが生じると別のあることがそれに継起すると考える「習慣」が定着する。だが、これはカントに言わせれば、「想像力が経験に孕ませられて」「主観的必然性」を生み出したということでしかない。そして、これでは、原因と結果の関係に関する認識は、経験から得られたものにすぎず、アプリオリなものとは言えない（したがって必然的なものとは言えない）ばかりか、理性が自分の中で生み出した概念から経験によらずにアプリオリに得た認識で形成されるべき「形而上学」は、「存在せず、また、存在することはありえない」ことになると、カントは大いなる危惧を表明する。

カントのこの説明は、そもそも因果関係の概念は理性が有するアプリオリな概念であるはずなのに、理性はその本質をなす「必然性」を説明することができない、これではそれに関するアプリオリな認識はありえず、形而上学が存在しえないことになるではないかという筋立てになっている。理性が自らその概念の本質を解明できないものだから、代わりにヒュームがそれを経験に基づくものとして説明したが、そんな説明を受け入れようものなら、形而上学を手放すだけのことになる。だから、その概念の別の捉え方が必要であり、自分はまさにそれを手に入れ、『純粋理性批判』でそれを明らかにしたのだ、と言うのである。

2　ヒュームの議論

カントのこの説明を検討するには、当然ながら、カントが自身の「独断のまどろみ」を醒ましてくれたと言う当のヒュームが実際にどのように言っていたかを見る必要がある。

ヒュームは、『人間本性論』(*A Treatise of Human Nature*〔1739–1740〕)第一巻において原因と結果の観念を取り上げ、原因とみなされるものと結果とみなされるものの間には、まず、両者が接している(近接 contiguity)とともに、前者に後者が後続すること(継起 succession)がなければならないとする。そして、原因と結果の関係のこうした要素(「近接」と「継起」)は経験の中に見いだすことができるものの、第三の重要な要素である「必然的結合」(necessary connection)――つまり、原因と結果の関係は必然的で、ある原因が生起すれば必ずある結果が生起するということ――が、経験の中には見いだせないとする。これについて、ヒュームは、次のように言う。

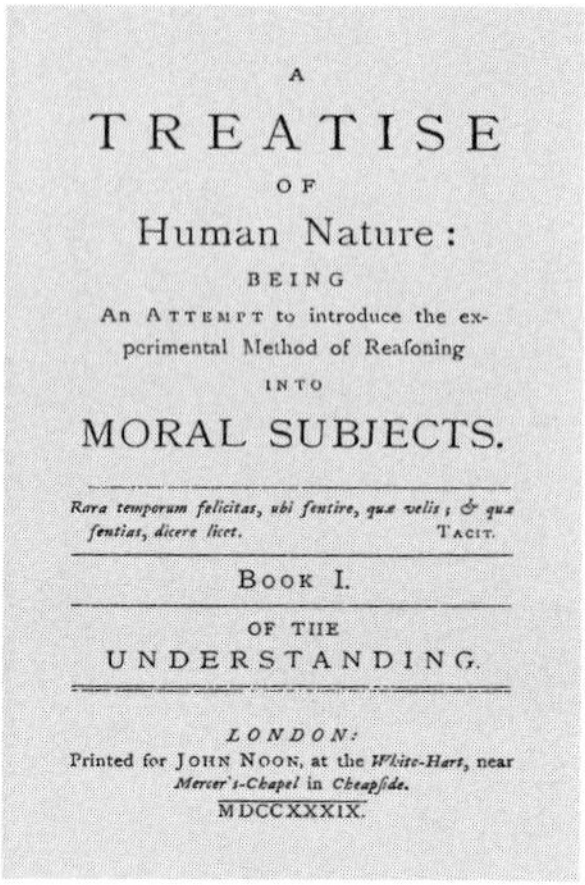
A
TREATISE
OF
Human Nature:
BEING
An Attempt to introduce the experimental Method of Reasoning
INTO
MORAL SUBJECTS.

Rara temporum felicitas, ubi sentire, quæ velis; & quæ sentias, dicere licet. Tacit.

BOOK I.

OF THE
UNDERSTANDING.

LONDON:
Printed for John Noon, at the *White-Hart*, near *Mercer's-Chapel* in *Cheapside*.
MDCCXXXIX.

ヒューム『人間本性論』初版(1739年)の扉

> 私は、この必然的結合の本性を発見し、必然的結合の観念の起源となる一つもしくは複数の印象を見いだすため、ここでもう一度対象をあらゆる面において調べる。自分の目を対象のすでに知られた諸性質に向けると、原因と結果の関係はそれらには依存しないことがすぐにわかる。〔そこで〕それらの諸性質の関係を考察すると、近接と継起の関係しか見いだすことができない。〔しかし、〕先に述べたように、それらは不完全で、満足のいくものではない。[6]

つまり、ヒュームに言わせれば、原因と結果の観念について、感覚の現場で実際に見いだされるのは、原因とされるものと結果とされるものが近接しまた継起するということだけであって、両者の関係が必然的であるということは、そこには見いだせない。そこで、ヒュームはこの「必然的結合」を、「習慣」(custom) によって説明しようとする。つまり、これまでの経験の中で、いつもあることが起きると別のあることが起きるという「恒常的接続」(constant conjunction) を経験すると、これによって、二つのものを常にそのように結びつけることが「習慣」となる、というのである。これについて、ヒュームは次のように言う。

> したがって、われわれがある対象の存在から別の対象の存在を推論できるのは、経験によってのみである。経験の本性は次のようなものである。われわれはある種類の対象がたびたび存在したことを覚えており、また別の種類の個々の対象がそれらの対象に常に伴い、規則正しくそれらに近接し継起するという仕方で存在したことを覚えている。例えばわれわれは、われわれが「炎」と呼ぶ種類の対象を見たこと、そして、「熱」と呼ぶ種類の感覚を得たことを覚えている。われわれは同様の仕方で、過去の事例のすべてにおけるそれらの恒常的接続を心に呼び起こす。われわれは単にそれだけで、一方を「原因」と呼び、他方を「結果」と呼んで、一方の存在から他方の存在を推論するのである。[7]

また、次のようにも言う。

心は習慣（custom）によってなんらかの原因からその結果へと移っていくよう規定され、一方が現れると、心が他方の観念を形成しないということは、ほとんど不可能である。過去の諸事例におけるそれらの恒常的接続は、心の中に、ある習癖（habit）を生み、そのため心はその思考の中でそれらを常に接続し、一方の存在をそれが通常伴っているものの存在から推論する。(8)

このように、ヒュームの考察は、「近接」と「継起」を経て「必然的結合」に至り、必然的結合の基になる「印象」を経験の中に見いだすことができないことから、そのルーツを「恒常的接続」の経験に基づく「習慣」ないし「習癖」の形成に見いだそうとする。したがって、その限りにおいて、彼の考えは、カントが『プロレゴーメナ』の中で説明してみせるとおり、原因と結果の結合の観念のルーツを経験に求めるという方向を明らかにとっている。

3　補説・『人間知性についての研究』の場合

右のヒュームからの引用は、もっぱら『人間本性論』からのものであるが、英語を読まないカントは、おそらくヒュームを主として『人間知性についての研究』（*An Enquiry Concerning Human Understanding* ［1748］）のドイツ語版（『人間の認識についての哲学的試論』［*Philosophische Versuche über die menschliche Erkenntniß* (Hamburg and Leipzig: Grund and Holle, 1755)］）で読んだと思われる。(9)

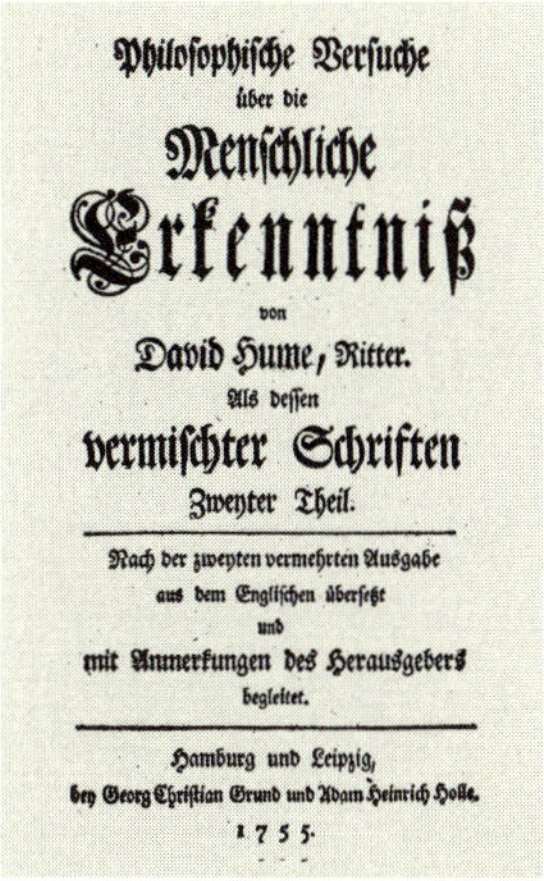
Philosophische Versuche
über die
Menschliche
Erkenntniß
von
David Hume, Ritter.
Als dessen
vermischter Schriften
Zweyter Theil.
Nach der zweyten vermehrten Ausgabe
aus dem Englischen übersetzt
und
mit Anmerkungen des Herausgebers
begleitet.
Hamburg und Leipzig,
bey Georg Christian Grund und Adam Heinrich Holle.
1755.

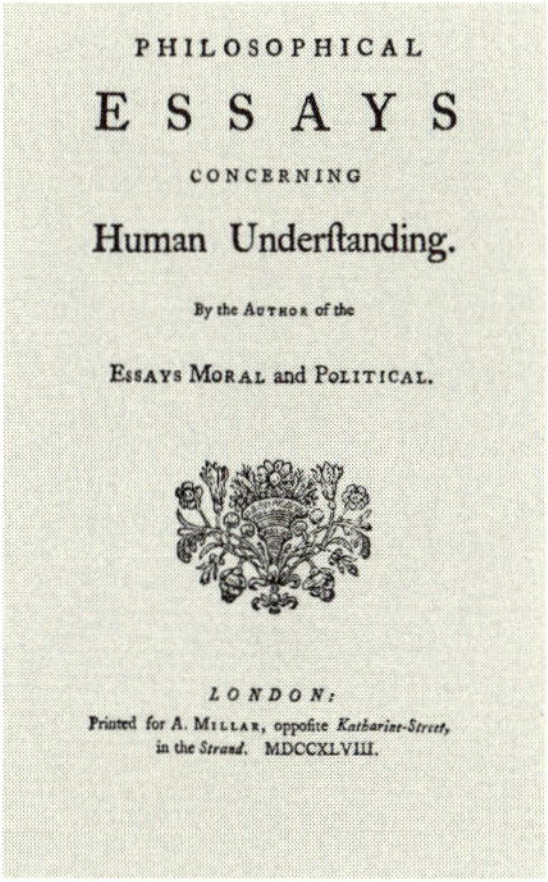
PHILOSOPHICAL
ESSAYS
CONCERNING
Human Underſtanding.
By the AUTHOR of the
ESSAYS MORAL and POLITICAL.
LONDON:
Printed for A. MILLAR, oppoſite *Katharine-Street*, in the *Strand*. MDCCXLVIII.

（右）ヒューム『人間知性についての研究』初版（1748年）の扉　『人間知性についての研究』は、最初、『人間知性についての哲学的試論』（*Philosophical Essays Concerning Human Understanding*）という表題であった。これが、1758年に、『人間知性についての研究』（*An Enquiry Concerning Human Understanding*）に改められた。
（左）カントが読んだと思われる、『人間知性についての研究』のドイツ語版（1755年）の扉　上のような事情もあって、このドイツ語版は、『人間の認識についての哲学的試論』（*Philosophische Versuche über die menschliche Erkenntniß*）と題されている。

そこで、先に進む前に、ヒュームについて右に確認したことが、『人間知性についての研究』ではどのように説かれているかを見ておく。

ヒュームは、『人間知性についての研究』第七章第一部五〇において、次のように言う。

> われわれの周りの外的対象に目を向け、原因の働きを考察するとき、われわれはどの個別の事例においても、能力ないし必然的結合、すなわち結果を原因と結びつけ、一方を他方の不可避の帰結とする性質を、けっして発見することができない。われわれが見いだすのは、一方が実

際に、事実上他方に従うということだけである。一つ目のビリヤードボールの衝撃が、二つ目のビリヤードボールの運動を伴う。外的感官に対して現れるのはこれだけである。心は〔二つの〕対象のこの継起から、いかなる感じ(sentiment)も内的印象も感じることがない。したがって、原因と結果のいずれの個別の事例においても、能力や必然的結合の観念を示唆することができるものはない。[10]

このように、ここでもヒュームは、必然的結合の観念の基になる「結果を原因と結びつけ、一方を他方の不可避の帰結とする性質」を、われわれは「けっして発見することができない」と主張する。この件は、右の引用箇所の二つあとの段落でも、次のように語られている。

実際、その可感的性質によってなんらかの能力ないし力を露わにし、あるいはまた、それがなんらかのものを生み出し、あるいはその結果と呼ぶことのできるような他のなんらかの対象をそれに従わせることができると想像する根拠をわれわれに与えるようなものは、物質のどこにもない。[11]

それでは、「必然的結合」はどこから出てくるのか。ヒュームは言う。

そうすると、出来事の間の必然的結合というこの観念は、これらの出来事の恒常的接続の類似の事例が多数起きることから生じるように見える。〔……〕類似の事例の反復のあとで、心は習癖(hab-

(iii) によって、ある出来事が現れるとすぐさまそれがいつも伴っている別の出来事を予想し、それが存在するであろうと信じる。したがって、われわれが心の中に感じるこの結合、すなわち、ある対象からそれがいつも伴っている別の対象への、想像のこの習慣的移行（customary transition）が、われわれが能力ないし必然的結合の観念を形成する際に拠り所としている感じ（sentiment）ないし印象である[12]。

つまり、『人間知性についての研究』においても、恒常的接続から形成される一方から他方への移行の習慣が、原因と結果の必然的結合の観念の基と考えられているのである。

4 カントの奇妙な対応㈠
――ヒュームが最初から経験論者であったにもかかわらず

だが、一見妥当に思われるかもしれないカントによるヒュームの解説にもかかわらず、われわれはすでにこの段階で（というのも、次章以下で論じることからわかるように、これはまだスタートラインでの問題である）、ヒュームに対するカントの対応のいくつかの奇妙な点を、指摘せざるをえない。

まず、先ほど確認したように、カントは、原因と結果の結合の概念は理性が「自分の胎内で生み出したとともかく言い立てる」概念であるという前提のもとに、ヒュームについての解説を行っていた。したがって、その概念が経験によらずして「自分の胎内で生み出した」アプリオリなものであるかど

ルネ・デカルト

うかが、カントにとっては問題であったはずである。しかし、ヒュームが問題にしたのは、先ほどのヒュームからの引用箇所でも確認されるように、最初から、そういうことではなかった。ヒュームは、カントとは違って、まず、いわゆる「心像論」の立場を自明のこととし（これはのちに論じるように、ロックの立場とは決定的に異なるものである）、その立場から、観念のルーツを経験に求め、生得観念説を退けるという方向性——その限りにおいては典型的な経験論の方向性——を示していた。

そこでまずはヒュームの「心像論」であるが、彼は、『人間本性論』第一巻本論の冒頭に見られるように、デカルト（René Descartes, 1596–1650）やロック（John Locke, 1632–1704）が「観念」と呼ぶもののうちのあるものを「知覚」（perception）と言い換え、次のように言う。

> 人間の心のあらゆる知覚は、二つの別個の種類に分かれる。私はそれらを、「印象」（impression）および「観念」（idea）と呼ぶ。それらの違いは、それらが心に当たり、われわれの思考や意識の中に入ってくるときの、勢いと生気の度合いにある。(13)

ヒュームの場合、「観念」はデカルトやロックの用法(14)よりもはるかに狭いものとなり、「印象」よりも

「勢いと生気の度合い」の弱いもの——直接感覚したり感情として感じたりするものを、心の中で再現したもの、いわゆる「心像」(mental image)——に限定される。これに対して、「印象」はその「勢いと生気の度合い」の強いものであり、五感に関して言えば、「感覚」がそれにあたる(また、われわれが今現に感じているさまざまな感情も、「印象」に分類される)。つまり、ヒュームは、デカルトやロックの「観念」語法とは異なり、感覚や心像や感情のようなものだけを「知覚」と称し、勢いと生気の度合いの強いものを「印象」、それが記憶において再現されたり想像力によって心の中に描かれたりした場合の勢いと生気の弱いものを「観念」と呼ぶ。このように、ヒュームは広く「心像論」(imagism)と呼ばれている立場を当然視する。(15)

ヒュームのこの心像論的立場は、『人間知性についての研究』においてはなおいっそう明瞭に説かれている。ヒュームはその第二章の冒頭で、次のように言う。

> 過度の熱さの痛みを感じたり、適度な暖かさの心地よさを感じたりするときと、あとになってこの感覚を自分の記憶に呼び戻したり、想像力によってそれを予想したりするときとでは、心の知覚にかなりの違いがあることは、誰でも容易に気づくであろう。記憶や想像力というこれらの機能は、感覚の知覚を真似たり写したりすることができるが、もとの感じ(sentiment)が持っている勢いや活力に完全に到達することはけっしてありえない。(16)

また、その次の節では、次のように言う。

> したがって、われわれは心の知覚のすべてを、勢いや活力の度合いの違いによって区別される二つの組もしくは種類に分けることができる。勢いや活力の乏しい知覚は、通常「思考」とか「観念」とか呼ばれる。もう一つの種類は、英語をはじめたいていの言語には名前がない。〔……〕そこで、〔……〕それを「印象」と呼ぶことにしよう。〔……〕私は「印象」という言葉によって、われわれが聞いたり見たり〔触って〕感じたり愛したり憎んだり望んだり意志したりするときに持つ生気のある知覚のすべてを意味する。そして、印象は、われわれが右に挙げた感覚や〔心の〕動きのいずれかを反省するときに意識する、生気の乏しい知覚である観念と区別される(17)。

加えて、ヒュームのこうした心像論的観念説においては、ある観念について、それが経験によることなく理性が「自分の胎内で生み出した」ものであるかどうかを問う視点はない。そこにおいては、

> われわれの単純観念はすべて、それらが最初に現れるに際しては、それらに対応し、それらが正確に再現するところの、単純な印象に由来する(18)

とされ、単純観念のルーツは、それに対応する「単純な印象」にあるとされる。つまり、単純「観念」はそれに対応する「印象」を原型とすること――「観念」の起源が「印象」にあること――が、ヒュームの基本原則である。そして、ヒュームはこの原則を基に、原因と結果の結合の「観念」につ

いても、それが「複合観念」の一種である「関係の観念」であることを認めながら——つまり右に言う「単純観念」ではないことを認めながらも——その原型たる「印象」を経験の中に求めようとする。[19]したがって、原因と結果の結合の概念は、理性に由来するアプリオリなものでなければならないのではないかと考えているカントとは、そもそもその点で相容れるものではない。そうすると、カントは当該概念のアプリオリ性を理性による産出に求め、それに対してヒュームはそのルーツを経験に求めようとしている以上、カントがヒュームによって「独断のまどろみ」から目覚めさせられる（言い換えればカントがヒュームの言からショックを受ける）理由はない。両者の基本前提が異なっている以上、カントがヒュームのような立場に立つ（乗り換える）つもりがない限り、ヒュームの言説がカントに衝撃を与えるはずがないのである。

カントがそれでもヒュームからショックを受けたというのなら、それはカントがヒュームを適切に理解していなかったからだと言わざるをえなくなる。とりわけ、先の第1節での引用箇所にあったカントの「そういった結びつきをアプリオリに概念から考えることは理性にはまったく不可能であることを、彼〔ヒューム〕は反論の余地なく証明した」という所見は、ヒューム理解としては首をかしげざるをえない。先に見たように、ヒュームは観念の源は印象にあるという自身の「第一原理」[20]に従って、あくまで観念の原型である印象が経験の中に見いだせるかどうかを問題にしたのであって、「アプリオリに概念から考えること」ができるかどうかを問題にしたのではないからである。

5 思考実験——もしも基になる印象が見つかったとしたら、カントはどうするつもりだったのか

ヒュームに対するカントの対応のこの不可解さは、ある事実に反することを仮想することによっていっそう明らかとなる。

ヒュームがしようとしたのは、原因と結果の必然的結合の観念の基になる「印象」を、経験の中に見いだすことであった。だが、ヒュームはそれに失敗した。ここで、「必然的結合」の観念の基となる「印象」が、仮に、事実に反して、なんらかの感覚として、経験の中に見つかったとしたらどうだろう。

仮にそれが見つかったとしたら、ヒュームとしては万々歳だろうが、カントにとっては、それはどうしようもなく困ることであったに違いない。なぜなら、繰り返し確認したように、カントにとっては、原因と結果の結合の概念は、経験由来のものであってはならなかったからである（その最大の理由は、経験由来のものは必然的とは言えないということにあるが、これについては次章で論じる）。だとすれば、なぜカントは、ヒュームの議論に沿って最後まで彼の説をたどったあとになって、「習慣」で説明するのでは当該概念が経験由来のものになるからいけないという対応をするのか。経験の中にその「印象」を求めようとするヒュームのやり方自体が最初から根本的に間違っていると言うべきではなかったのか。

ヒュームを解説するカントを見ていると、万が一当該観念の原型が経験に「印象」として見つかった場合に、そもそもカントはどうするつもりだったのだろうと、余計な心配をしてしまう。しかし、それは単なる「余計な心配」の種ではなく、かえって、ヒュームの警告によって独断のまどろみから覚醒したとするカントのもともとの所見自体が、どのような奇妙な言説であるかを示すものである。

6 カントの奇妙な対応(二)
——「関係の観念」は印象や感覚ではありえないにもかかわらず

カントがヒュームを読んで「独断のまどろみ」から覚醒したというストーリーの奇妙さの二つ目は、これもヒュームが心像論者であったことに関わる。

そもそも近代的観念語法を導入したデカルトは、感覚や心像だけでなく、概念をも「観念」と呼んでいた。この点は、デカルトの観念語法を継承したロックも同じである。[21] これに対して、あとに続くバークリ(George Berkeley, 1685–1753)とヒュームは、(ヒュームの場合には右に述べたように「観念」という言葉の用法はさらに狭められるものの)二人とも心像論者であった。つまり、バークリやヒュームは、実際には概念にあたるものをしばしば考察しているにもかかわらず、公式的には、感覚や心像やそれに類するものだけを認める立場で物事を捉えようとした。

カントは心像論者ではない。彼は、概念を当然のように認める立場にあった。ならばなぜカントは、まずもってヒュームの心像論的立場そのものに異を唱えることをしなかったのか。これは実に奇妙なことである。

先に述べたように、ヒュームは原因と結果の結合の観念の根幹をなす「必然的結合」の原型を、「印象」に、つまりここではなんらかの感覚に求めようとした。そして、その原型たる印象が見いだせないことから、そのルーツを「恒常的接続」の経験に求めた。カントは、少なくとも、ヒュームが必然的結合の印象が見いだせないと発言する時点で、ヒュームの路線がおかしいことに当然気づくべきではなかったか。なぜなら、「必然的結合」の観念は、関係の観念の一種であり、関係の観念の原型がなんらかの感覚として経験の中に見いだされ取り押さえられるということは、概念のようなものを認める立場からすれば、もともとありえないことと思われてしかるべきだったはずだからである。

もし、関係の観念がそれ自体なんらかの心像であるとすれば、われわれは原因と結果の必然的結合の具体的事例とみなしている出来事のすべてに、その観念の原型たるある種の共通の「印象」（この場合には「感覚」[22]）を見いださなければならないであろうが、ヒュームの言うように、実際には、そのような「印象」や「感覚」は見いだせない。非心像論的立場（つまり、感覚や心像だけでなく、概念の存在をも認める立場）からすれば、そうした印象や感覚が見いだせないことは、あまりにも当然の話である。非心像論者のカントが、それにもかかわらずなぜヒュームの心像論的指摘からそれほどのショックを受けるのか、これは実に不可解である。

7　関係の観念の特殊性――ロック・バークリ・ヒューム

実際、カントが（おそらくはラテン語版で）[23]読んでいたはずの『人間知性論』（*An Essay Concerning Human Understanding*［1690（1689）］[24]）で、ロックは、カントの言う原因と結果の結合の概念に相当する原因と結果の観念について、次のように論じていた。

> われわれの感官が物の恒常的変動（constant Vicissitude）に気づくとき、われわれは、個々の多様な性質や実体が存在し始め、それらが自らのこの存在を、他のなんらかの存在者のしかるべき適用と働きから受け取ることを、観察せずにはいられない。この観察から、われわれは原因と結果の観念を得る。なんらかの単純観念もしくは複合観念を生み出すものを、われわれは「原因」という一般名で呼び、生み出されるものを、「結果」という一般名で呼ぶ。例えば、われわれが蠟と呼ぶ実体に、以前にはそこになかった単純観念である流動性が、ある度合いの熱の適用によって恒常的に生み出されるのを見いだすと、われわれは、熱の単純観念を、蠟の流動性との関係においてその原因と呼び、流動性を結果と呼ぶ。同様に、ある単純観念の集合体である木と呼ばれる実体が、火の適用によって、灰と呼ばれる別の実体、つまりわれわれが木と呼ぶ複合観念とはまったく異なる単純観念の集合体からなる別の複合観念へと変えられるのを見いだすと、われわれは火を灰との関係において原因

ジョン・ロック

と考え、灰を結果と考える(consider Fire, in relation to Ashes, as Cause, and the Ashes, as Effect)。そのため、以前には存在しなかったなんらかの特殊な単純観念、もしくは、実体であれ様態であれ単純観念の集合体について、それを生み出すことに貢献しそのために働くとわれわれが考えるものはなんであれ、それによってわれわれの心の中で〔結果に対して〕原因という関係を持つことになり、われわれはそれを原因と呼ぶのである。[25]

見られるとおり、ロックは、原因の観念と結果の観念を、経験の中に感覚として見いだしそれをただ受け取るという仕方で説明してはいない。そこには、まず、「われわれの感官が物の恒常的変動に気づく」という事態がある。彼は、その際に、他のなんらかの存在者がしかるべく働くことによって個々の性質や実体が存在し始めることを「われわれは〔……〕観察せずにはいられない」とし、「なんらかの単純観念もしくは複合観念を生み出すもの」を「原因」と呼び、「生み出されるもの」を「結果」と呼ぶと言う。こうして「われわれは原因と結果の観念を得る」。

つまり、ロックの場合、原因の観念や結果の観念がそのまま経験の中になんらかの感覚として見いだされるのではなく、「物の恒常的変動」に関する感覚的知覚が先行する。そして、なにかが別のなにかにあてがわれて(適用されて)個々の性質や実体が存在し始めることを観察し、その結果として、生み出すものを「原因」と呼び、生み出されるものを「結果」と呼ぶ(あるいは前者を原因「と考え」[consider as]、後者を結果「と考える」[consider as])に至るという具合に、話は進んでいく。したがって、その結果得られる「原因」と「結果」の観念は、なんらかの感覚といった類いのものではない。[26]

実のところ、関係の観念の特殊性は、心像論者であったバークリも、これに気づいていた。彼は、観念を感覚や心像、あるいはそれに類するもののみに限ったのではさまざまな事象を十全に捉えることができないとして、のちに、「思念」（notion）という概念を重視する立場を明確に示すようになる。彼は『人間の知識の諸原理についての論考』（*A Treatise Concerning the Principles of Human Knowledge*〔1710〕）の第二版（一七三四年）の加筆部分において、「能動的存在者」の観念や「活動」の観念や「関係」の観念について、それらは本来「観念」（idea）ではなく「思念」（notion）と呼ばれるべきものであるとして、次のように述べている。

ジョージ・バークリ

> われわれは、能動的存在者の思念や活動の思念を持っているとは言えても、それらの観念を持っているとは厳密には言えないと思う。私は、「私の心」や「観念に対する心の作用」という言葉が意味するところを知り、あるいはそれを理解している限り、私の心や観念に対するその作用について、なんらかの知識もしくは思念を持っている。私は、〔自分が感覚するものや、記憶や想像によって心の中に心像として描くものではなく、〕自分が知っているものについては、なんらかの思念を持っている。もし世間がそうしたいのなら、「観念」という名辞と「思念」という名辞を同義的に使用してはならないとまでは言わない。しか

し、事柄を明晰かつ適切な仕方で論じようと思うなら、非常に異なるものは異なる名前で区別すべきである。また、すべての関係は心の作用を含んでいる。したがって、われわれは物の間の関係ないし関わりの観念を持っているという言い方はあまり適切とは言えないということにも、注意しなければならない。われわれはむしろそれらの思念を持っていると言うべきであろう。しかし、もし昨今の流儀で、「観念」という言葉の適用範囲を広げて精神や関係や作用にもそれを使うのであれば、これは結局〔事象の違いをないがしろにした〕言葉の問題でしかない。[27]

このように、心像論者のバークリも、心像論的には扱えない観念（バークリの場合には「思念」）の存在を公式に認めざるをえず、元来の心像論的立場を修正せざるをえなくなるのである。

実は、当のヒューム自身も、ある種の「関係の観念」の特殊性に気づいていた。彼は少なくとも原因と結果の観念について、それに対応する原型としての印象を物の性質に求めてはならないと、原因と結果の観念に関する彼の一連の議論の中で、最初から主張していた（そのため、先ほどの引用箇所にもあったように、それをなんらかの関係に求めようとしたのである）。ヒュームはこの件について、『人間本性論』の原因と結果の観念に関する議論の最初のところで、次のように述べている。

したがって、原因および結果と呼ばれる二つの対象に目を向け、それらをあらゆる面において調べ、そういった途方もなく重要な観念を生み出す印象を見いだすことにしよう。一見してわかるように、対象が持つ特定の性質のいずれかに、それを求めてはならない。というのも、これらの性質のいずれを選び出そうとも、その性質を持たないにもかかわらず「原因」や「結果」と呼ばれるなんらかの対象が見つかるからである。〔……〕存在するもののすべてに普遍的に属して、それらに「原因」、「結果」と呼ばれる資格を与えるような性質は、一つとして存在しないということは、明らかである。

そのようなわけで、因果関係の観念は、対象の間のなんらかの関係から導出されなければならない。[28]

このように、ヒュームは少なくとも原因の観念、結果の観念については、なんらかの「性質」（ここでは感覚）をその原型である印象とすることはできないとして、それを「対象の間のなんらかの関係」に求めようとする。

もちろん、ヒュームは、関係の観念の原型が経験において直接知覚されることを全否定するわけではない。このことは、ヒューム研究としてはなおざりにできないことであって、例えば先の引用箇所にあったように、ヒュームは「近接」と「継起」については、その関係自体を経験の場で直接知覚できるかのような言い回しをしている。[29]しかし、「必然的結合」についてはそれができないというのが、彼の論点であった。

ヒュームが「必然的結合」が経験の現場で見いだせないとしたことが、それ自体、カントに重大な影響を与えたことは確かである。カントは、原因と結果の結合の概念にそのまま対応するものを直観の中に見いだせないことから、その概念を含む一二の純粋知性概念について、それらが直観に対して正当に適用できることを証明する「演繹」を試み、またどのような条件が満たされる場合にそれらが適用できるかを示す「超越論的図式」についての論を展開するに至る。[30] だが、それはともかく、カントもまた、概念をも表象（デカルトやロックの言う「観念」）の一種として認めるという意味で、非心像論的立場をとっていた。とすれば、原因と結果の結合の観念の核心をなす「必然的結合」の観念——これは関係の観念の一種である——について、その原型が経験の中に見いだせないというヒュームのあからさまな心像論的指摘を、なぜカントが重大な指摘と見たのか。これは実に不可解である。そもそもそういうものを「印象」として見いだそうとするのが間違いであると片付ければすんだはずなのである。

8 「唯一の原理」への道

カントはヒュームの警告によって「独断のまどろみ」から醒めたと言う。だが、以上に述べたように、カントが『プロレゴーメナ』でわれわれに描いてみせるシナリオは、いかにも奇妙である。まず、カントは、自身が原因と結果の結合の観念の基を理性の中に見いだしたいという立場をとっているにもかかわらず、その原型を「印象」というある種の経験に求めようとするヒュームの経験論的基本路線そのものを最初から非とすることはせずに、ヒュームがその起源を「恒常的接続」という経験的事実の観察を基盤とした習慣ないし習癖に求めるに至ってはじめてこれを非としている。

第二に、そもそも関係の観念が感覚や心像として現れることはないということは、概念をも認める非心像論者にとっては自明のことであるはずなのに、カントはそれが現れないことを指摘するヒュームに対して、それは最初から自明のことだという態度をとることはせず、かえって「そういった結びつきをアプリオリに概念から考えることは理性にはまったく不可能であることを、〔ヒューム〕は反論の余地なく証明した」と言う。

カントが、自身のルーツの一つであると信じていたスコットランド[31]の哲学者を称揚し、そのため論が甘くなったとは思いたくないが、当時の知的文脈と水準からしたとき、ヒュームに対するカントの態度は、納得のいかないものを多々感じさせる。

カントは同じく『プロレゴーメナ』の序文において、次のように言う。

> そこで、私はまず、ヒュームの異議を一般的な形で考えられないか、試してみた。そして、やがて、原因と結果の結合の概念は、知性がそれによって物の結合をアプリオリに考える唯一の概念では断じてなく、むしろ、形而上学は、まったくそうした概念ばかりで成り立っていることを見いだした。私はそれらの概念の数を確かめようと努め、これが、私の望んだように、すなわち唯一の原理からなし遂げられたので、私はこれらの概念の演繹へと進み、今や私はそれらの概念について、それらがヒュームが配慮したように経験から導き出されたのではなく、純粋知性から発したものであることを確信した[32]。

「ヒュームの異議」というのは、原因と結果の結合の観念の基となる「印象」は経験の中には見つからないというものであった。だが、結局ヒュームはその観念のルーツを経験に基づく習慣に求めたので、カントはこれを拒否し、それをある仕方でアプリオリに知性に備わるものとした。しかも、右に言うように、カントは原因と結果の結合の概念が「知性がそれによって物の結合をアプリオリに考える唯一の概念では断じてな〔い〕」として、そうした概念がどれだけあるかを、「唯一の原理」（判断表からの導出という方法）を基に数え上げたと言う。あの一二個の「純粋知性概念」である。そして、カントは最終的に、それらの概念が、「ヒュームが配慮したように経験から導き出されたのではなく、純粋知性から発したものであることを確信した」と言うのである。

先に見たように、事態がカントの言うとおりであるとすれば、もともとカントは、形而上学が成り立つなら、原因と結果の結合の概念のようなものは、経験から得られたものではなく、理性に固有のものでなければならないはずではないかと思っていた。そして、ヒュームにまつわる一連の考え直しから、結果として、その概念だけでなく一二個の概念が、「純粋知性から発したもの」であることを確信したと言う。だが、そうすると、ヒュームの役回りは一体何であったのか。

繰り返すが、ヒュームは、そうした概念は「印象」としては見いだせないものの、ある種の経験に基づくものであると主張した。カントは、そうした概念が「印象」としては見いだせないということに、「それは当然ではないか」という対応はせず、ましてやそうした概念を印象として見いだそうとするヒュームのもともとの基本路線自体に異議を唱えることもなく、ただ、結論としてそれがある種の経験に基づくとすることに異議を唱えた。ということは、ヒュームの役割は、そもそも、カントの知見と正面からぶつかって彼にショックを与えるようなものではなく、カントがそれを重視する真意が本当はよくわからない、ただの添え物にすぎないようにも見える。

カントの『純粋理性批判』におけるロックやヒュームに関する所見を見る限り、彼は、原因と結果の結合の概念を経験によって説明しようとする人々がいるが、私の見るところではそれはまったくの見当違いである、と言っているにすぎない。それであるなら、カントはヒュームからショックを受けるはずはなく、そんなことで彼の研究の方向が変わるはずもない。彼が『純粋理性批判』で実際にしたように、単にヒューム(や、カントが理解する限りでのロック)の見当違いを指摘すればいいだけのことだからである。

カントが『プロレゴーメナ』で言う「独断のまどろみ」からの「覚醒」とは一体何であったのか。右のように道筋をたどると、カントの「方向転換」においてヒュームがそれほどの役割を演じたとは思えないし、それでもカントの意識の中ではそうだったというのであれば、カントはヒュームの言説の本質を十分に理解していなかったと言わざるをえないように私には思われる。

第2章　ロックの反生得説とカントの胚芽生得説

——カントが言うほどカントとロックは違うのか？

はじめに

前章冒頭に引用したカントの言が正しければ、少なくとも、因果関係についての考察を含むカントの超越論的分析論の議論は、「ヒュームの警告」によって「独断のまどろみ」から覚醒させられた結果である。だが、前章で論じたように、その「覚醒」は、当時の西洋の思想状況とカント自身の意向に照らしたとき、「覚醒」と言うに値するものであったかどうかは疑問である。

カントがその「覚醒」の結果展開した議論は、あまりに重大な役割を担い、しかもその論旨の不明確さゆえにしばしば「難解」とされてきた。判断の類別からのカテゴリーの導出、カテゴリーの正当性を明らかにする「演繹」、カテゴリーの適用条件を明らかにする「図式」論、さらには、その適用のための基本原理である「原則」の分析。だが、カントには失礼ながら、その議論はいくつかの重要な点において、首肯すべきものとは考えられない（もとより、その理由の一つ一つを、さらにこれからの数章を費やして明確にすることになるのではあるが）。

「超越論的感性論」とともに『純粋理性批判』の核をなす「超越論的分析論」のこうした一連の議論が、見かけとは異なり、どのような疑問の余地のある論理展開をなすものであったか。これを見るには、われわれはなによりもまず、カントが「あの有名なロック」（der berühmte Locke）という言い方で繰り返し批判的に言及したロックの思想との関わりを、見ておく必要がある。

私見によれば、右のような甚大な影響をカントに与えることになったヒュームの原因と結果の関係の観念に関する見解は、遺憾ながら、『人間知性論』におけるロックの見解をなぞったにすぎない（この件については、次章で説明する）。しかも、そのなぞりは、「心像論」という、デカルトやロックに比して数歩後退した視点からなされていた。こともあろうに、カントはそのヒュームの見解に過剰に反応した。それは、私見によれば、彼がおそらくはラテン語版で読んだであろうロックの『人間知性論』の「観念」に関する議論を[1]——あるいは近代的観念語法の創始者であるデカルトの『省察』(*Meditationes de prima philosophia* [1641/1642]) の本論や答弁等に見られる「観念」に関する基本的論点を[2]——よくよく理解していれば、ありえなかったと思われる反応であった（その論点の一部は、すでに前章で示した）。その過剰反応の結果、カントは、ロックとは異なり、経験とは独立な、アプリオリかつ明証必然的（apodiktisch）な認識からなる形而上学の基礎を打ち立てようとするのであるが、そうした明確な意図にもかかわらず、結果的に彼が展開したのは、クワイン風に言えば、「固守したいもの[3]」を固守するための、内在的循環論法にすぎなかった。

本章では、カントが実際に行ったことを明らかにするための第一歩として、まずはヒュームがカントにショックを与えるに際して主要な話題としていた原因と結果の結合の観念（カントの場合は「概念」）を念頭に置き、自分のスタンスはロックとは違うと繰り返し言うカントが、実はその概念の獲得（あるいは所持）に関してロックとほとんど同じ知見しか示さなかったことを確認する。この確認は、次章以降でカントの超越論的分析論の試みを検討するに際して、その重要な基盤となるはずである。

1　カントのロック評——私はロックとはこのように違う

まず、『純粋理性批判』においてカントがロックについてどのような見解を示しているかを、確認しておきたい。

カントは『純粋理性批判』のいくつかの箇所でロックに言及し、自身の立場とロックの立場との違いを表明する。おそらく最もよく知られている箇所の一つは、『純粋理性批判』第一版序言の「人間知性の自然学」発言である。彼は次のように言う。

> 近代になってなるほど一度は、（あの有名なロックの）人間知性の一種の自然学（eine gewisse Physiologie des menschlichen Verstandes）によって、これらの争いのすべてに終止符が打たれ、あの〔形而上学の〕権利の主張が正当であるか否かは完全に裁定されるかに見えた。しかし、あの自称女王〔＝形而上学〕の素性が下賤の経験という下層民に由来するとされ、女王を僭称しているとの嫌疑がそれによって当然かけられなければならなかったものの、実際には〔ロックの手になる〕この系譜は捏造され形而上学に不当に押しつけられたものであったため、形而上学は自らの権利を相変わらず主張した。これによって、すべてが再び古くさい虫の食った独断論に陥り、そのため、人々がその学問をそこから救い出そうとしてきたあの軽蔑へと逆戻りすることになった。(4)

経験の限界を超えた知的営みである形而上学は、かつては「万学の女王」と称えられながら、経験による真偽の確認が不可能なため独断的主張を繰り返し、果てしない争いが続くことになった。そして、今ではそれは軽蔑の対象でしかなくなっている。――右のカントの発言は、形而上学についてのこうした所見を前提としている。カントによれば、ロックは、この果てしない争いの場となった形而上学に対して、それ自身が主張する真正な学問としての地位をそれが持つか否かを、『人間知性論』において裁定しようとした。しかし、そこでロックがやったことは、「人間知性の〔……〕自然学」(5)（つまり、観念と知識の発生機序を説く、一種の自然科学的営み）にほかならず、それによってロックは、こともあろうに形而上学を経験に基づくものにしてしまった。言い換えれば、形而上学をアプリオリな認識からなるものと捉えた上でその権限を認めたのではなく、それを「経験」という低級なものに由来するものとしてしまった。形而上学の素性を経験に求めるというロックのこの不当な措置は、カントに言わせれば、当然ながら功を奏するはずもなく、かえって独断論を再度招来することになり、形而上学を再び軽蔑の対象にしてしまった、というのである。

ロックの名前は、超越論的分析論の「超越論的演繹一般の諸原理について」と題された項にも見いだされる。

しかしながら、あらゆる認識についてそうなのだが、これらの概念〔空間・時間の概念と、純粋知性概念〕についても、われわれは、それらの可能性の原理ではないものの、それらの産出の機会因(Gelegenheitsursache)を、経験の中に探し求めることができる。その場合、感官の印象が最初のきっかけとなって、これらの概念に関して全認識力が発動し、経験が成立する。経験は、きわめて異質な二つの要素を含む。感官が与える認識の素材（質料）と、純粋な直観の働きと純粋な思考の働きという内的源泉が与える、素材を秩序づけるなんらかの形式（形相）である。純粋な直観の働きと純粋な思考の働きは、前者（感官が与える認識の素材）を機会として、はじめて活動を開始し、概念を生み出す。われわれの認識力が最初に行う、個々の知覚から一般概念へと登っていく努力をそのように探ることは、間違いなく大いに役立つことであり、われわれは、それへの道をはじめて開いたあの有名なロックに感謝しなければならない。しかし、アプリオリな純粋概念の演繹は、そうしたやり方ではけっして成就しない。というのも、純粋概念の演繹は、まったくのところ、この道には存しないからである。(6)

ここでは、まず、「感官の印象」すなわち感覚が、「機会因」もしくは「機会」（きっかけ）となって、純粋概念（空間・時間の概念と、純粋知性概念）が生み出されることが述べられる。そして、ロックがそうした概念について行ったのは、「それらの産出の機会因を、経験の中に探し求めること」以上のものではなく、ロックのそうしたやり方ではアプリオリな純粋概念の「演繹」すなわちその正当性の証明は行えないとされる。

カントのこの議論は、彼が感性の純粋形式とした空間と時間、および、知性にアプリオリに備わるとした一二個の純粋知性概念が、感覚を「機会」（きっかけ）として(7)純粋な直観の働きと純粋な思考の働きによって生み出されるという（ライプニッツの見解を彷彿とさせる）興味深い見解を基盤としている（これについてはのちに本章第4節で論じる）。そして、カントによれば、ロックは、そうした純粋概念の起源を、それが産出されるための「機会」ないし「機会因」である感覚と取り違え、そのためそれらの概念を経験に由来するものと誤解する。この誤解のため、概念の起源を経験に求めるロックのやり方では純粋知性概念の正当性を証明することはできないと、カントはロックを否定的に評価するのである。

ロックへの言及は、同じく超越論的分析論の「カテゴリーの超越論的演繹への移行」と題された項の、第二版での変更箇所にも認められる。

> あの有名なロックは、そのような考察を欠いていたため、経験において知性の純粋概念に出会ったことから〔経験的概念だけでなく〕それらの概念をも経験から導出したが、それにもかかわらず、それらの概念を用いて、あらゆる経験の限界をはるかに超える認識をあえて得ようとするという、首尾一貫しない振る舞いをした。デイヴィッド・ヒュームは、これをなしうるためにはこれらの概念は必然的にアプリオリな起源を持たなければならないことを認めた。しかし、ヒュームは知性が、それ自体としては知性において結合されていない〔原因・結果の〕概念を、それにもかかわらず対象において必然的に結合されたものと考えなければならないということが、いかにして可能であるかをまったく説明できず、もしかしたら知性がそこにおいて自らの対象に出会うところの経験を、実は知性自身がこれらの概念そのものを基に創り上げているのではあるまいかということに思い至らなかったため、やむをえず、それらの概念を経験から（すなわち、結合が繰り返し経験されること

に起因するものでありながら、客観的必然性と誤解されている主観的必然性、つまり、習慣から〕導出した。しかし、彼は〔ロックとは違い〕それからあとは非常に首尾一貫した振る舞いをし、これらの概念とそれらが惹起する原則とによって経験の限界を超えて行くのは不可能だと明言した。しかし、ロックとヒュームが思い至った経験的導出は、われわれが持っているアプリオリな学的認識、すなわち純粋数学と一般自然科学の現実とは一致せず、したがって、事実によって否定されるのである。[8]

ここでもカントは、ロックが純粋知性概念を「経験から導出した」ことを問題視する。しかもその一方で「あらゆる経験の限界をはるかに超える認識をあえて得ようとするという、首尾一貫しない振る舞いをした」として、二重の意味でロックを非難する。つまり、ロックは、純粋知性概念を経験から導出するという誤りを犯したばかりか、それにもかかわらず経験内部に留まることをせず、経験の限界を超えた認識を求めるという自己矛盾を犯したと言うのである。[9] これに対して、ヒューム贔屓のカントは、ヒュームもまた概念を「経験から〔……〕つまり、習慣から〕導出〔する〕」という誤りを犯しはしたものの、ロックのように「経験の限界を超えて行く」ことはせず、その点において「非常に首尾一貫した振る舞いをし〔た〕」と、一定の評価を行う。このように、ロックとヒュームに対するカントの評価には微妙な違いがあるものの、カントによれば、ロックもヒュームも「概念を経験から〔……〕導出」する点では同じであって、そうした「経験的導出は、われわれが持っているアプリオリな学的認識、すなわち純粋数学と一般自然科学の現実とは一致せず、したがって、事実によって否定される」と言う。こうして、ヒュームはともかく、ロックに対するカントの否定的評価は明白である。

　ロックへの言及は、また、超越論的分析論のかなりあとのところに位置する「反省概念の多義性に対する注解」にも現れる。

　一言で言えば、ライプニッツがもろもろの現象を知性化したのに対して、ロックは、知性発生学(Noogonie)（もしこうした表現を使っていいとすれば）の体系に従って、知性概念をすべてまとめて感覚化した〔……〕(10)。

　ここでは、ロックが知性のすべての概念の由来を経験に求めたとするカントの件のロック理解が、改めて「感覚化〔する〕」(sensifizieren) という言葉によって示唆されている。

　カントがロックの名を挙げた箇所は、『純粋理性批判』にはもう一箇所ある。そこではカントはアリストテレス（Ἀριστοτέλης, 384–322 B. C.）を「経験論者」(Empirist) の代表者、プラトン（Πλάτων, 427–347 B. C.）を「知性論者」(Noologist) の代表者とし、近代においてはロックがアリストテレスを、ライプニッツがプラトンを継いだ（これは右の引用箇所の内容とも、ライプニッツ自身の自己理解とも呼応する(11)）とした上で、次のように言う。

　少なくともエピクロスは自分なりに自身の感覚論的体系に従い、アリストテレスやロックよりも（しかしとりわけロックよりも）はるかに整合的に振る舞った（というのも、エピクロスは自分の推論によって経験の限界を超えて行くことをけっしてしなかったからである）。ロックは、あらゆる概念と原則を経験から導出したにもかかわらず、それらの概念や原則の使用に際しては行き過ぎた振る舞いをなし、神の存在や霊魂の不滅は（どちらの対象も、まったく、可能な経験の限界の外にあるにもかかわらず）数学の定理と同じように明証的に証明することができると主張した。(12)

ここでもカントは、先ほどと同じように、ロックが「あらゆる概念と原則を経験から導出した」にもかかわらず、矛盾した振る舞いをなした、つまり、「それらの〔……〕使用に際しては」、「可能な経験の限界の外にある」事柄を「数学の定理と同じように明証的に証明することができると主張した」と言う。ロックが「あらゆる〔……〕原則を経験から導出した」というのは、ロック解釈としては明らかに誤りであり、ロックは経験によらない知識の存在と可能性を明確に認めていたのだが、(13)こうしたカントの無理解はともかく、ここでもカントは、ロックがあらゆる概念（と原則）を経験から導き出したとして、これを否定的に評価している。

このように、カントによれば、ロックはすべての概念を経験から導出する。これに対して、カント自身は、ロックとは違い、空間と時間および一二個の純粋知性概念を、経験から導出されたのではないアプリオリなものとし、これによってロックの重大な難点——すなわち純粋数学や一般自然科学が持つ「アプリオリな学的認識」としてのあり方を説明できないという難点——を、克服したと自負するのである。

2　なぜ経験由来であってはならないのか――必然性の問題

もとよりカントは、すべての概念を「アプリオリなもの」としたわけではない。空間と時間、それに、一二個の純粋知性概念について、これらが経験由来のものであってはならないということが、カントの主張の核心をなしている。では、どうしてそれらが経験由来のものであってはならないのか。当面の話題である「純粋知性概念」に話を限定すれば、その理由は次のところにある。

カントは『純粋理性批判』の「カテゴリーの超越論的演繹への移行」について論じた箇所で、次のように述べている。

すべてのアプリオリな概念の超越論的演繹は、すべての研究がそこへと向けられなければならない一つの原理を持つ。すなわち、アプリオリな概念は、(経験において出会われる直観の可能性の条件であろうと、思考の可能性の条件であろうと) 経験の可能性のアプリオリな条件と認められなければならないという原理である。経験の可能性の客観的根拠を与える諸概念は、まさにそれゆえに必然的である。しかし、そうした概念がどのような経験において出会われるかを説明しても、それはそれらの概念の演繹ではない (それはそうした経験の具体例を挙げているにすぎない)。というのも、その場合には、それらの概念はどのみち偶然的なものでしかないだろうからである。認識の対象はすべて可能な経験において現れるのであるが、アプリオリな諸概念となんらかの客観との関係は、可能

な経験とのこの根源的な関係を抜きにしてはまったく把握することができないであろう。(14)

ここでカントは、「アプリオリな〔諸〕概念」が「経験の可能性のアプリオリな条件」であること（これは本書第4章の主題となるのだが）を前提とした上で、それらは「まさにそれゆえに必然的である」と言う。ここに言う「必然的」とは、それらの概念が働かずに経験が可能となることはありえないということである（これとは異なる、認識の「必然性」や原因と結果の結合の「必然性」については、後述する）。もしそれらの概念が経験から得られたとすれば、「それらの概念はどのみち偶然的なものでしかないだろう」とカントは言う。なぜなら、「経験は必然性を教えない」と、カントは深く信じているからである。

「経験は必然性を教えない」。これについて、彼は例えば『純粋理性批判』第一版序論で、次のように言う。

なるほど経験は、何が存在するかをわれわれに語るが、それが必然的な仕方でそのようにあって他のようにあってはならないということは、語らない。(15)

また、『プロレゴーメナ』にも、同様の発言が認められる。

なるほど経験は何が存在し、それがどのようにあるかを私に教えるが、それが必然的な仕方でその

ようにあって他のようにあってはならないということを、けっして教えはしない。(16)

したがって、この原則からすれば、カントが経験の成立に必然的に関与すると信じている基本概念が経験から得られるのであれば、「それらの概念は〔……〕偶然的なものでしかない」ことになり、そうした基本概念を提示しても、それでは「経験の可能性のアプリオリな条件」を与えたことにはならない。つまり、経験の中でそれらの概念の適用事例に出会うことを示す演繹（いわゆる「経験的演繹」）では、それらの概念が適用されていることが示されるにすぎず、それらが必ず適用されなければ経験は成立しないということを示すものではないと言うのである。

当該概念が経験から得られたのでは具合が悪いのなら、どうすればいいのか。そこでカントが持ち出すのが、それらの概念のアプリオリ化であった。つまり、それらは（前節の「カテゴリーの超越論的演繹への移行」からの引用箇所で、ヒュームとの関係で言われていたように）「アプリオリな起源を持たなければならない」とカントは考えるのである。

「経験は必然性を教えない」というカントの基本テーゼは、『純粋理性批判』における彼の全議論を支える重要なテーゼの一つである。しかし、実のところ、このテーゼとそれに呼応するカントの措置との間には、いくつかの重大な不整合がある。本章では、その一端を第9節と第10節で提示し、また、章を改めて、その問題を別の角度から論じることにする。そこに向かうための布石として、前節と本節では、カントが、ロックとは違うという発言を『純粋理性批判』の中で数度にわたって行っていること、そして、ロックが言うように基礎概念が経験由来のものだとすると、それが持つべき「必然性」が説明できないと考えていることを、確認した。

3　ロックの反生得説

右の確認からすると、一見カントは、ロックとは明確に異なる立場をとっているかのように見える。ロックが観念の起源を経験に求める――反「生得説」的な立場をとる――のに対して、カントは、ある基礎概念について、それらは経験とは関わりのない、「アプリオリな起源を持たなければならない」――ある種の「生得的」なあり方をするものでなければならない――とするからである。ところが、実際には、両者の関係はもっと興味深い、微妙なものとなっている。これを明らかにするため、まず本節で、ロックの反生得説の要点を確認する。

周知のように、ロックは『人間知性論』第一巻で生得観念を否定した。つまり、生まれながらにして備わっている観念はないとした。もちろん、そこでロックが主たる話題としたのは、生得観念ではなく、「あるものはある」(17)、「同じものがありかつないということはありえない」(18)、「至高の神が存在する」(19)、「人は自らの罪を悔い改めなければならない」(20)といった類いの、「生得原理」(innate Principle)とされるものであった。(21)理論的な原理にせよ実践的な原理にせよ、なんらかの原理が生得的であるという主張に対して、ロックは徹底的にこれを覆そうとした。生得原理の存在を主張する者は、しばしば自分が固守したい見解を「生得」の名のもとに人に押しつけ、思考停止に陥らせる。これに対して、ロックは、『人間知性論』第一巻の「序文」に言うように、(22)われわれ人間は神から良き生を営むに十分な能力を与えられており、この能力を最大限活かして神の負託に応えるべきだとし、生得原理説に対して厳しい批判を行う。

ロックの論は、「普遍的同意」(Universal Consent; Universal Assent) の事実が確認されないということから始まる。[23] もしそうした原理が生得的にわれわれの中に備わっているのなら、万人がそれを承認するという「普遍的同意」があるはずである。だが、例えば、幼児はそれを知らない。なんらかの原理が心に備わっていながらそれを知らない (知覚しない) というのは、ロックには認められないことであった。これについて、彼は次のように言う。

知性の中の生得思念〔innate Notion. ここでは生得原理の意〕について語る人は、(もしその人がそれによってなんらかの独特な種類の真理を言おうとしているのであれば、) 知性がけっして知覚したことがなくまだまったく知らないような真理が知性の中にあるとすることはできない。というのも、もし (「知性の中にある」〔*to be in the Understanding*〕という) この言葉が適切なものであるとすれば、それは理解されること (to be understood) を意味するからである。したがって、知性の中にありながら理解されないということ、心の中にありながらけっして知覚されないということは、なにかが心ないし知性の中にあるとともにないと言うのとまったく同じである。[24]

このように、ロックは心の中にありながら知覚されない (気づかれない) 原理があることを、けっして是認しなかった。[25]

ロックの生得原理否定論は、生得原理は理性が使用されるようになってはじめて知られる（気づかれる）ものであって、理性の使用以前に人がそれを知らなくても（それに気づかなくても）当然だとする論にも向けられる。ロックはこれに関する一連の議論の中で、例えば次のように言う。

人々が〔「同じものがありかつないということはありえない」といった〕これらの公準を知りそれに同意するのは、彼らが理性を使用するようになるときだと言うのであれば、この発言は、事実上、それらは理性を使用するようになる以前にはけっして知られたり気づかれたりすることがなく、もしかすると、あとになって人生のいずれかの時点で同意されるかもしれないが、それがいつかは定かではないと言うに等しい。そうすると、これらの公準だけでなく、知ることのできるほかのすべての真理もまた、そういうことになろう。したがって、われわれが理性を使用するようになれば知られるというこの特徴をもってしては、それらの公準が他の真理に勝りそれらとは違うということにはならず、その特徴によってそれらの生得性が証明されるわけではなく、まったくその反対である。(26)

つまり、理性を用いるようになったあとでいつか知られるから生得的であるというのであれば、どんな真理でもみな同じことが言え、生得的なものと生得的でないものの区別がないことになると、ロックは反論するのである。

生得観念否定論は、そうした一連の生得原理否定論の中に、その一部として現れる。そもそも生得原理があるのなら、それを構成する観念もわれわれの中に生得的に備わっていなければならないが、

そのようなものは認められない。これについてロックは、

もしそれらの真理を構成するもろもろの観念が生得的でないとすれば、それらからなる命題が生得的であったり、それらについてのわれわれの知識がわれわれとともに生まれる〔つまり生得的である〕ということは、ありえない(27)

と言い、さらに続けて次のように言う。

新たに生まれた子どもたちを注意深く考察すれば、彼らが多くの観念を携えてこの世に生まれると考える理由はほとんどないであろう。というのも、子どもたちが子宮の中で感じていたかもしれない飢えや渇き、温かさや多少の痛みのようないくつかのかすかな観念を別とすれば、彼らの中には確固たる観念の兆候はまったくないからである。生得原理とみなされる普遍的命題を構成しているもろもろの名辞に対応する観念については、とりわけそうである。われわれは、子どもたちが生まれたあと彼らの心の中にどのようにして観念が次第にやってくるか、そして、彼らが得るのは、経験――すなわち彼らが出会う事物の観察――によって彼らに備えつけられるものでしかなく、それ以外のものではないということに、気づくであろう(28)。

このように、ロックは、生得観念の非存在を生得原理否定論の論拠の一つとして提示し、われわれの

心は生得観念も生得原理も持たないとする。[29]

ロックは、『人間知性論』第二巻のはじめのところで、このような人間の心を「白紙」に喩える。[30] この「白紙」という言葉は、アリストテレス以来のなにも書かれていない書板の喩えの一バージョンである。[31] そして、このなにも書かれていない白紙のような心に、知識の材料となる「観念」が書き込まれていくとロックは考えるのであるが、それがどこから得られるかという問いに対して、ロックは一言、「経験から」(From *Experience*) と答える。彼は次のように言う。

> こうして、心はいわばあらゆる文字を欠いた白紙 (white Paper) であって、観念を持たないとしよう。〔そうすると、〕心はどのようにして観念を備えるようになるのか。心はどこから〔……〕その莫大な蓄えを得るのか。心はどこから推論と知識のすべての材料を手に入れるのか。これに対して私は一言で答える、経験から (From *Experience*) と。[32]

ロックの言う経験には「感覚」(Sensation) と「反省」(Reflection) の二つがある。まずは「感覚」が作動しないと、「反省」の働きも作動しない。つまり、感覚が与えられることによって心のさまざまな「作用」が活動を始め、感覚と反省によってさまざまな観念が心に備えられるとともに、それらを材料として知識が獲得されていく。この件について、ロックは次のように言う。

> 知性の中の観念は、感覚とともに始まると私は思う。感覚は、身体のある部分に与えられる、知性

の中になんらかの知覚を生み出すような、刻印（Impression）ないし運動である。いわゆる「知覚」、「記憶」、「考察」、「推論」などの働きにおいて心が最初に関わると思われるのは、外的対象がわれわれの感官に与えるこれらの印象である[33]。

やがて人間の心は、こうした自らのさまざまな働きにも目を向けるようになる。これが「反省」である。ロックはこれを、次のように説明している。

> 第二に、経験が知性に観念を供給する際のもう一つの源泉となるのは、知性が、すでに得ている観念に対して働くとき、われわれの中でなされるわれわれ自身の心の働きの知覚である。その働きは、魂がそれを反省し考察するようになると、外にある物からは得られない別のもう一組の観念を、知性に供給する。知覚すること、考えること、疑うこと、信じること、推論すること、知ること、意志することなど、われわれ自身の心のさまざまな作用のすべてがそれである。われわれはそれらの作用を自分自身の中で意識し観察するため、自分の感官を触発する物体から個別の観念を受け取るように、自身の心の作用からも個別の観念を受け取り、それを知性へともたらす。誰もみな、観念のこの源を、ひたすら自分自身の中に持っている。そして、それは、外的対象と関わるものではないので感官ではないものの、感官に非常によく似ているため、内的感官（internal Sense）と呼んでもよいかもしれない。しかし、私はもう一つの源を「感覚」（*Sensation*）と呼ぶのに合わせて、これを「反省」（*REFLECTION*）と呼ぶ。それが提供する観念は、心がそれ自身の中でそれ自身の働

きを反省することによって得るものだけである。[34]

こうして、「感覚」と「反省」から諸種の単純観念が獲得され、それがさまざまな複合観念や関係観念の基になる。そして、それとともに、そうしたもろもろの観念の一致・不一致の知覚から、各種の知識が得られるとロックは言う。知識に関するロックの基本的見解は、『人間知性論』第四巻のはじめのところで次のように表明されている。

> 心はその思考と推論のすべてにおいて〔……〕観念以外の直接的対象を持っていないので、われわれの知識が観念にのみ関わるのは明らかである。
>
> そこで、知識は、われわれの持つもろもろの観念のいずれかの、結合や一致、不一致や矛盾の知覚にほかならないと、私は思う。[35]

観念の起源を経験に求めるロックのこうした見解に対して、カントは、第1節に見たように、自説がそれとは異なることを繰り返し強調し、自説の優位を表明するのである。

4 「機会」・「胚芽」・「素質」

ところが、実のところ、事態はカントが言うほど単純ではない。ここでわれわれは、カントが使用する「機会」(Gelegenheit) という言葉に再度注意を向ける必要がある。『純粋理性批判』におけるカントの「機会」の用例には、次のようなものがある。

われわれは、もろもろの純粋概念を追って人間知性の中にあるその最初の胚芽 (Keim) と素質 (Anlage) へと至るであろう。それらはその胚芽と素質の中で準備されており、ついには経験を機会として徐々に発現し、当の知性によってそれらに付着する経験的諸条件から解き放たれ、そのあるがままをさらけ出すことになる。(36)

ここでカントが言う「純粋概念」は、空間や時間という純粋直観も含んでいるが、さしあたり純粋知性概念に話を限定するなら、カントはそれらは経験から得られたものではなく、それらの「胚芽」や「素質」が人間の知性の中にあらかじめ備わっており、「経験を機会として徐々に発現〔する〕」としている。

では、その胚芽的に〔もしくは素質として〕あるものが「経験を機会として〔……〕発現〔する〕」とはどのようなことか。これを理解するために重要なのが、第1節で引用した次の箇所である。

しかしながら、あらゆる認識についてそうなのだが、これらの概念〔空間・時間の概念と、純粋知性概念〕についても、われわれは、それらの可能性の原理ではないものの、それらの産出の機会因 (Gelegenheitsursache) を、経験の中に探し求めることができる。その場合、感官の印象が最初のきっかけとなって、これらの概念に関して全認識力が発動し、経験が成立する。経験は、きわめて異質な二つの要素を含む。感官が与える認識の素材〔質料〕と、純粋な直観の働きと純粋な思考の働きという内的源泉が与える、素材を秩序づけるなんらかの形式〔形相〕である。純粋な直観の働きと純粋な思考の働きは、前者〔感官が与える認識の素材〕を機会として、はじめて活動を開始し、概念を生み出す。われわれの認識力が最初に行う、個々の知覚から一般概念へと登っていく努力をそのように探ることは、間違いなく大いに役立つことであり、われわれは、それへの道をはじめて開いたあの有名なロックに感謝しなければならない。しかし、アプリオリな純粋概念の演繹は、そうしたやり方ではけっして成就しない。というのも、純粋概念の演繹は、まったくのところ、この道には存しないからである。(37)

ここでもまた、空間・時間という純粋直観とともに、一二の純粋知性概念が問題になっている。カントは、「感官の印象が最初のきっかけとなって、これらの概念に関して全認識力が発動〔する〕」とし、また、「純粋な直観の働きと純粋な思考の働きは、前者〔感官が与える認識の素材〕を機会として、はじめて活動を開始し、概念を生み出す」としている。「感官の印象」すなわち「感官が与える認識の素材」とは、いわゆる「感覚」のことである。(38) つまり、話を当面の話題である純粋知性概念に限定すれば、感覚が与えられることによって「純粋な思考」が働き、純粋知性概念を「生み出す」というのである。こうして、カントによれば、物自体がわれわれの心ないし感官を触発することによって、感覚という認識の素材が与えられるとともに、それによって「胚芽」ないし「素質」として知性の中に準備されていた純粋知性概念が発現し、「そのあるがままをさらけ出すことになる」のである。

5　ロックの実際の議論㈠――カントが言うのとは違っている

「機会」に関するカントのこの見解は、彼がしばしば念頭に置いていたロックの言説[39]と比較すると き、ある興味深い事態をわれわれに示す。先に述べたように、ロックは『人間知性論』第一巻におい て、生得観念と生得原理を徹底的に否定した。そして、われわれの心を、文字がまったく書かれてい ない「白紙」に喩えた。ロックのこの見解と、知識の構成要素をなす観念の起源を一言で「経験か ら」と言う彼のいわゆる「観念経験論」とを念頭に置く限り、心ははじめは観念や原理をまったく持 たないとするロックの考えと、心（知性）にははじめから純粋知性概念が胚芽ないし素質として備わ っているとするカントの考えは、決定的に異なっているように見える。ところが、ロックの場合、心 に原理（基礎的知識）と観念が生まれながらに備わっていることは否定されるものの、しばしば指摘 されているように、観念が与えられると同時にさまざまな心の働き（作用）が行使されることが、は じめから容認されており[40]、その点で、彼の見解は、なんらかのきっかけ（「機会」ないし「機会因」）が 与えられれば「全認識力が発動する」というカントの見方と異なるところがない。しかも、そればか りか、実際のロックの議論においては、心（知性）は単に経験からなにかを受け取るのみという捉え 方にはなっていないことを、われわれは知るのである。

その一例は、前章で取り上げた、原因と結果の観念に対するロックの扱いである。ロックによれば、原因の観念と結果の観念は、それがそのまま感覚として現れるようなものではない。まず、「われわれの感官が物の恒常的変動に気づく」。そして、他のなんらかの存在者の働きかけによって、ある性質や実体が存在し始めることを、観察する。その結果、「なんらかの単純観念もしくは複合観念を生み出すもの」を「原因」と呼び、「生み出されるもの」を「結果」と呼ぶということが成立する。つまり、ロックの場合、「物の恒常的変動」に関する感覚的知覚が先行し、なにかが別のなにかにあてがわれてある性質や実体が存在し始めることを観察し、その結果、生み出すものを「原因」と呼び、生み出されるものを「結果」と呼ぶ（あるいは前者を原因「と考え」[consider as]、後者を結果「と考える」[consider as]）という仕方で、原因と結果の観念を得る。これはつまり、カントの言い方をすれば、「われわれの感官が物の恒常的変動に気づく」ことが「機会」もしくは「機会因」となって、「原因」・「結果」という捉え方が作動するということである。かくて、彼らの具体的な文言を見る限り、ロックとカントの捉え方の近さは明白である。

ところで、原因と結果は、別の言い方をすれば、それぞれ「能力」(Power) の一種である。原因はなにかをなす「能動的能力」(active Power) の発現であり、結果はなにかを受け取る「受動的能力」(passive Power) の発現である。[41] この「能力」についても、ロックは次のように言う。

心はそれが外の物に観察する単純観念の変化を感官によって日々知らされ、ある単純観念がどんなふうに終わって存在しなくなり、以前にはなかった別の単純観念がどんなふうに存在し始めるようになるかに気づく。また、心はそれ自身の中に生じるものを反省し、自分が有する観念が、ある場合には外的対象が感官に対してなす刻印により、またある場合には自分自身の選択により、恒常的に変化するのを観察する。そして、これまでそうであったと恒常的に観察してきたことから、将来〔も〕同じものの中で同じような変化が同じような作用者によって同じような仕方で引き起こされるであろうと結論し、あるものの中にその単純観念のどれかが変化させられる可能性を考え（consider）、また別のものの中にその変化を引き起こす可能性を考える（consider）。こうして、心は、「能力」と呼ばれる観念を手に入れるのである。(42)

ここでもまた、「外の物に観察する単純観念の変化」の、「感官」による確認、つまり感覚におけるある種の変化の確認が、先行している。そして、こうした感覚における恒常的変化の観察から、「将来〔も〕同じものの中で同じような変化が同じような作用者によって同じような仕方で引き起こされるであろうと結論し、あるものの中にその単純観念のどれかが変化させられる可能性を考え、また別のものの中にその変化を引き起こす可能性を考える」と言う。つまり、感官によるある種の「恒常的変化」の観察が先行し、心はそこから「変化させられる可能性」(43)（受動的能力）と「変化を引き起こす可能性」（能動的能力）を「考える」（consider）というのである。ある感覚的な出来事の確認がきっかけとなって、ある考え方が発現する。この捉え方は、先のカントの「機会」に関する捉え方と、しっかりと重なっている。

ところが、ロックはこの事態を、観念が白紙の心の中で経験から獲得される事態として捉え、カントはこれを、知性の中に胚芽的に（ないしは素質として）準備されていた純粋知性概念がある感覚を機会として発現する事態として捉える。このように、同様の事象をどう捉えるかについて、両者は大きく異なる。当の観察される事象（つまり彼らが依拠しなければならない「現象的根拠」）そのものに際立った差異がないにもかかわらず、である。とすると、両者の違いは、彼らが背景に持つなんらかの前提的信念、言い換えれば先行判断の違いということになる。もとよりそれは、カントの場合には、経験から得られたとするのでは必然性は説明できないということにある。

「ロックは〔……〕知性概念をすべてまとめて感覚化した」というカントのロック理解がいかに誤解を招くものであったかは、右の原因と結果の観念（および能力の観念）に関するロックの記述を見るだけでも明らかであろう。実際、カントのロック評はロックの文言の十分な理解に基づいてはいないばかりか、カントを通してロックを見ようとした人々は、ロックの考察の実質をほとんど理解することのないままカントを称揚する傾向を、久しく示すこととなった。カントが示唆するのとは随分と異なる見解をロック自身が示していたことを確認するため、以下ではさらに「単一性」の観念と、狭義の「実体」観念とを取り上げて、ロックの議論の実際を見ておくことにする。

6　ロックの実際の議論㈡——「単一性」の観念の場合

カントは、知性にアプリオリに備わっている基本概念として、次のものを挙げていた。

1　量のカテゴリー

単一性
数多性
総体性

2　質のカテゴリー
実在性
否定
制限

3　関係のカテゴリー
内属性と自存性（実体と偶有性）
原因性と依存性（原因と結果）
相互性（作用するものと作用を受けるものとの間の相互作用）

4　様相のカテゴリー
可能性——不可能性
現実存在——非存在(44)
必然性——偶然性

前節で取り上げたのは、このカテゴリー表の三つ目のグループである「関係のカテゴリー」の二つ目の項、「原因性と依存性（原因と結果）」の概念に対応する観念の、ロックの扱いである。ここでは、少し戻って、「量のカテゴリー」の一つ目の項である「単一性」（Einheit）の概念に対応する「単一性」（Unity）の観念を取り上げる（また、次節では、関係のカテゴリーの一つ目の項の「実体」［substantia］の概念に対応する「実体」［Substance］の観念を取り上げる）。

「単一性」というのは、一、二、三、四、……という自然数の基本単位である「一」のことで、今

述べたように、ロックはこれをUnityと言う。ロックはこの「単一性」の観念を、

感覚と反省のあらゆる方途によって心にもたらされる[45]

単純観念であるとしている。そして、この単一性の観念は、先の原因と結果の観念同様、色を見たり匂いを嗅いだりするのと同じような仕方で感覚されるとは考えられない観念の一つである。ロックは例えば

一の観念を伴わないような感覚ないし反省の対象は存在しない[46]

と言う。「感覚」の場合であれ、心の中を振り返る「反省」の場合であれ、そこに現れる対象はすべて「一の観念」つまり単一性の観念を伴うというわけである。けれども、例えば感覚の対象の場合、その各々にすべてなんらかの「一」と呼ぶべき同一の感覚が伴われているとは考えられない。したがって、ここでロックが言っている「一の観念」つまり単一性の観念は、概念、言い換えれば、可想的観念と考えるしかなさそうである。

概念と考えられる単純観念について、ロックは目立って「示唆される」(suggested)という言い方をする。例えば、彼は次のように言う。

存在と単一性は、いずれの外なる対象、いずれの内なる観念からも知性に示唆される、別の二つの観念である。(47)

われわれが持っているすべての観念の中で、単一性の観念ないし一の観念ほど多くの方途によって心に示唆される観念は存在しないように、その観念ほど単純な観念は存在しない。(48)

この「示唆される」の用法は、概念的観念（可想的観念）の与えられ方が感覚の与えられ方とは異なることを示すものと考えられる。そして、興味深いことに、ロックは概念的観念の与えられ方に対応する心の作用を表す言葉として、「……と（して）考える」（consider … to be …; consider … as …）という動詞句を使用する。「感覚する」とか「感覚的に知覚する」とかとは異なり、この言葉は、今日では「として見る」（see … as …）と表現されるいわゆる「観察の理論負荷性」(49)、あるいは、ハイデッガーの言う「として構造」（Als-Struktur）(50)にあたる現象を捉えたものと見られる。つまり、今感覚によって与えられる観念に話を限定すると、ロックは単なる感覚を論じているのではなく、ある感覚が与えられるとともに心がそれをなにものかとして考える（もしくはなにものかとして捉える）ということを言おうとしているのである。実際、ロックは、右の一つ目の引用箇所に続けて、次のように言っている。

われわれは、物が現実にわれわれの外にあると考える（consider things to be actually without us）

> だけでなく、観念がわれわれの心の中にあるとき、それらが現実にそこ〔心の中〕にあると考える（consider them as being actually there）。それは、それら〔物や観念〕が存在する、あるいは存在を有するということである。そして、われわれが一つのものと考える（consider as one thing）ことができるものは、それが実在するものであろうと観念であろうと、みな、知性に単一性の観念を示唆する（suggest）(51)。

ここには、ある興味深い事象が記述されている。物（この引用箇所では、われわれが日常的に「物」だと思っているもの、つまり、単純観念の集合体としての経験的対象のことが考えられている）や観念が心に現れると、心はそれを「ある」と考えたり「一つのもの」と考えたりする。心がこのように目の前に現れるものを「ある」、もしくは「一つのもの」と考えると、それに応じて、「存在」の観念や、「単一性」の観念（つまり「一つ」という観念）が心に「示唆される」、というのである。つまり、ロックは明らかに、われわれの心が与えられたものをなにものかとして概念的に捉えるという現象を認知し、それに基づいて、「存在」や「単一性」のような、概念的観念（可想的観念）が獲得されることを論じているのである(52)。

心は目の前に現れるものを「一つのものと考え」、これによってわれわれは「単一性」の観念を得るというロックの見方は、なんらかの感覚が与えられればそれを機会に全認識力が働いて「単一性」の純粋概念が発現するというカントの捉え方と、きわめて近い。ここでもまた、両人はほぼ同じ事態を目にしながら、ロックは、そのような仕方で「経験から」単一性の観念が得られると言うのに対して、カントはそれを、知性に胚芽的に存在していた単一性の純粋概念が感覚を機会に発現することとして捉えるのである。

7　ロックの実際の議論㈢——狭義における「実体」観念の場合

三つ目の事例は、「実体」である。

物のさまざまなありようは、ありようだけで存在しているのではなくて、それらを支え持つ「実体」というものがあって、それがそれらのありようを持っているのだという考え方が、古くから、とりわけアリストテレス以来、西洋の思考の根幹をなすものの一つとなってきた。この「実体」の観念を、「狭義の「実体」の観念」と呼ぶことにする。なぜ「狭義の」かというと、ロックは複合観念を「様態」(Mode)、「実体」(Substance)、「関係」(Relation) の三つに分けているが[53]、この場合の複合観念としての「実体」は、「狭義の「実体」の観念」を核としてそれにさまざまなありようが付与されたもの、つまりいわゆる「物」として、ロックはこれを考えているからである。その複合観念としての「実体」と区別するため、ここではその核となる「実体」のほうを、狭義の「実体」としておく。この「狭義の「実体」の観念」について、ロックは『人間知性論』第二巻第一二章で、次のように述べている。

実体の観念〔複合観念としての実体の観念〕は、それ自身で存立している別個の個々の物を表象するとみなされるような、単純観念の組み合わせである。そこにおいては、実体の、想定された（supposed）、ないしは混乱した観念〔狭義の「実体」の観念〕が、そうした〔混乱した〕観念ではありながら、常に、第一の、主たる観念である。例えば、もし実体〔狭義の実体の観念〕に、ある鈍い白っぽい色の単純観念が、ある度合いの重さ、堅さ、延性、可融性とともに加わるなら、われわれは鉛の観念を持つことになる。(54)

ここに挙げられている鉛の観念は、複合観念としての実体の観念の一種である。それは、狭義の実体の観念に、物の性質を表すさまざまな単純観念（ある鈍い白っぽい色、ある度合いの重さ、堅さ、延性、可融性）が結合してできたものとして説明されている。

ロックの場合、この狭義の「実体」観念は、物のさまざまなありようがそれだけで存在することはできず、なんらかの支えを必要とすると考えられるところから「想定される」に至った観念であるとされている。この「想定」について、ロックは『人間知性論』第二巻第二三章において、次のように述べている。

われわれは、これらの単純観念がいかにしてそれら自身で存立しうるかを想像しないので、ある基体（*Substratum*）を想定する（suppose）のを常とする。それら〔の単純観念〕は、その基体の中に存立し、それから結果する。そのため、われわれは、その基体を「実体」と呼ぶ。(55)

ここで言う「基体」は、狭義の実体の別名である。そして、ここでも、「想定する」（suppose）という動詞が使われている。また、次の箇所では、その名詞形（Supposition）が使われている。

> したがって、もし誰かが自分の純粋な実体一般の思念〔＝狭義の実体の観念〕に関して自分自身を調べるなら、その人は、われわれの中に単純観念を生み出すことができる諸性質の、その人が知らない支えの想定（Supposition）以外には、それについてのいかなる観念も持たないことを見いだすであろう。[56]

これらの引用箇所のすべてを含む『人間知性論』第二巻は、観念がいかにして得られるかを明らかにすることを第一の目的とした巻である。そして、この目的は、狭義の実体観念の場合にも、明瞭に認めることができる。実体の複合観念を構成する「第一の、主たる観念」である狭義の実体観念は、実体の複合観念を構成する他の単純観念が「いかにしてそれら自身で存立しうるか」を想像できないことから、それらを支えるものとして「想定される」という仕方で形成されると、ロックは説明しているのである。

この「想定される」という言葉に注意する必要がある。支えとして想定される狭義の実体観念は、観念の起源としてロックが認める「経験」によって直接的に得られるなんらかの感覚や、それを再現した心像といったものではありえない。これについては、ロック自身、い[57]実体の観念〔……〕は、われわれが感覚や反省によっては持つことのない、また持つことのできないものであると、明言している。こうして、それはむしろ、概念的に考えられたものとせざるをえず、しかも、なんらかの単純観念が与えられたとき、それらが「いかにしてそれら自身で存立しうるか」を想像できないため、われわれの心ないし知性がそれらを支えるものとして「想定する」のである。

カントは、ロックが概念（観念）を「感覚化」したと言うが、それがいかにロックの実際の議論に合わないものであるかは明らかであろう。繰り返すが、なんらかの感覚等が与えられたとき、それが単独で存在できないと「考える」ことから、狭義の「実体」観念が、「想定される」という仕方で得られると、ロックは考えているのである。[58]

8　カント自身の反生得説

カントは基礎概念（ロックの場合には「観念」）の起源についてロックとは違うということを強調するものの、このようにロックの実際の議論を見れば、そこに捉えられている事象はカントのそれと大幅に重なることがわかる。ところが、ロックがそれを観念が「経験から」得られる事態として捉えるのに対して、カントはそれを、感覚がきっかけとなって人間の認識力が発動し、胚芽的（もしくは素質的）に備わっていた純粋概念が発現する過程として捉える。繰り返すが、そうでなければ「必然性」が説明できないというのが、カントの究極の理由であった。

しかも、さらに興味深いことに、カントは「胚芽生得説」ないし「素質生得説」とでも呼ぶべきものを表明するにもかかわらず、実は彼自身も、生得観念説（カントの場合には生得表象説）を否定しようとする。

先に見たように、ロックは、心に原理ないし観念があらかじめ備わっていないながら、人がそれに気づかないでいるという見解を絶対に容認しなかった。ところが、カントもまた、ロックのこの見解に同意していた。これを明示するのは、『実用的見地における人間学』（一七九八年）のカントの次の言葉である。

> もろもろの表象を持つことと、にもかかわらずそれらを意識しないこととの間には、矛盾があるように思われる。というのも、もしわれわれがそれらを意識しないのであれば、自分がそれらを持っていることを、どうしてわれわれは知ることができるのか。こうした異議申し立ては、すでにロックが行っている。そのため彼はまた、そのような〔われわれが意識することなく持っているような〕種類の表象が存在することを否認した。(59)

趣旨は、明らかであろう。カントは、このロック説を受け入れていたことから、純粋知性概念が知性にそのままの形であらかじめ存在すると主張すれば、ロックが『人間知性論』第一巻で行った生得説批判を正面から浴びることになると思っていたに違いない。そこで、「胚芽」や「素質」といった発生学的な言葉を使い、当初知性に備わっているのは、純粋知性概念そのものではなくその「胚芽」や「素質」でしかないとし、これによって、そのアプリオリ性を主張しながら同時にロックの批判を免れようとしたと考えられる(60)。

カントのこの批判回避の方向性は、一七九〇年の『純粋理性の新たな批判がすべて古い批判によって無用となるという発見について』において、より鮮明な形をとる。

> 『批判』は、天賦の表象（anerschaffene Vorstellungen）や生得表象（angeborne Vorstellungen）をけっして認めない。『批判』は、あらゆる表象を、それが直観に属するものであろうと知性概念に属するものであろうと、すべて獲得されたもの（erworben）とみなす。しかしまた、（自然法学者が言うような）原始取得（ursprüngliche Erwerbung）というものがあり、したがってまた、以前にはまだまったく存在せず、それゆえこの〔取得〕行為以前にはいかなるものにも属することのなかったものを取得するということがある。『批判』が主張するように、そうしたものとしては、まず空間と時間における物の形式があり、第二に、概念における多様なものの総合的統一がある(61)。

『純粋理性批判』で「胚芽」や「素質」という言い方で暗示されていたものが、ここでは明確に表明されている。彼は言う、「あらゆる表象を〔……〕すべて獲得されたものとみなす」と。しかし、これだけでは生得観念否定論そのものである。そこでカントは、「原始取得」（originäre Erwerbung とも言う。ラテン語では acquisitio originaria 英語では original acquisition）という法的概念を持ち出し、

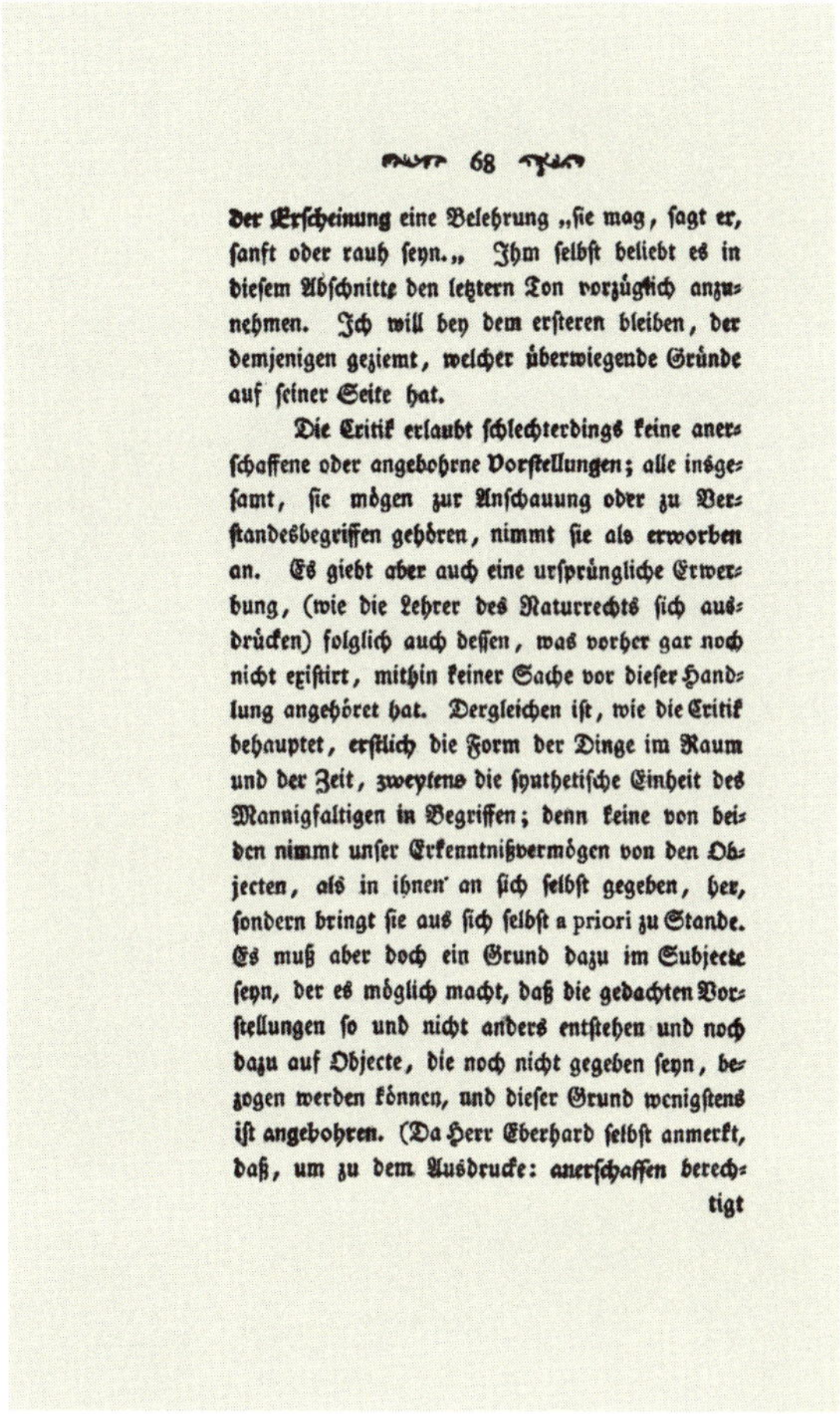

68

der Erscheinung eine Belehrung „sie mag, sagt er, sanft oder rauh seyn.„ Ihm selbst beliebt es in diesem Abschnitte den letztern Ton vorzüglich anzunehmen. Ich will bey dem ersteren bleiben, der demjenigen geziemt, welcher überwiegende Gründe auf seiner Seite hat.

Die Critik erlaubt schlechterdings keine anerschaffene oder angebohrne Vorstellungen; alle insgesamt, sie mögen zur Anschauung oder zu Verstandesbegriffen gehören, nimmt sie als erworben an. Es giebt aber auch eine ursprüngliche Erwerbung, (wie die Lehrer des Naturrechts sich ausdrücken) folglich auch dessen, was vorher gar noch nicht existirt, mithin keiner Sache vor dieser Handlung angehöret hat. Dergleichen ist, wie die Critik behauptet, erstlich die Form der Dinge im Raum und der Zeit, zweytens die synthetische Einheit des Mannigfaltigen in Begriffen; denn keine von beiden nimmt unser Erkenntnißvermögen von den Objecten, als in ihnen an sich selbst gegeben, her, sondern bringt sie aus sich selbst a priori zu Stande. Es muß aber doch ein Grund dazu im Subjecte seyn, der es möglich macht, daß die gedachten Vorstellungen so und nicht anders entstehen und noch dazu auf Objecte, die noch nicht gegeben seyn, bezogen werden können, und dieser Grund wenigstens ist angebohren. (Da Herr Eberhard selbst anmerkt, daß, um zu dem Ausdrucke: anerschaffen berechtigt

カント『純粋理性の新たな批判がすべて古い批判によって無用となるという発見について』初版（1790年）68ページ　11行目から12行目にかけてursprüngliche Erwerbung（原始取得）という言葉が見られる。

自説が単なるロック的生得観念否定論ではないことを示唆する。つまり、以前にはまったく存在しなかったものが、われわれの心の働きによって存在するようになるというのである。[62]だが、それでも、その限りにおいては、彼の説は、われわれの心のさまざまな働きを介して「経験」から諸種の基本観念が得られるというロックの説と変わらないことになりかねない。そこでカントは、自説がロック的観念経験論と同一視されることのないよう、右の引用箇所に続けて次のように言う。

というのも、われわれの認識能力は、両者〔空間と時間における物の形式と、概念における多様なものの総合的統一〕のいずれをも、客観自体そのものにおいて与えられたものとして客観から取ってくるのではなく、それらを自身そのものからアプリオリに実現するからである。しかし、右の諸表象が他のようにでなくそのようなものとして生じ、その上いまだ与えられていない客観に適用されることを可能にするそのための基礎（Grund）は、主観の中になければならず、この基礎は少なくとも生得的（angeboren）である。[63]

『純粋理性批判』の「胚芽」や「素質」という言葉に代えて、ここでは「基礎」という言葉が用いられている。そして、空間や時間といった形式、それに「総合的統一」の仕方としての純粋知性概念をそのようなものとして生じさせる「基礎」について、カントはこれを「生得的である」と言う。趣旨は、「胚芽」や「素質」を用いた説明と同じである。純粋知性概念そのものは生得的ではないが、純粋知性概念の基になるものは、経験から得られるのではなく生得的である、と言うのである。[64]

9　人間に固有のものなのか？

こうしたカントの発言から、われわれはなおいっそう、彼の見解とロックの見解の近さを見て取ることになるであろう。しかし、当然ながらカントは、両者の見解の同一視を許すはずがない。

だが、そうなると、ここでわれわれは、一度原点に戻る必要がある。そもそもカントがある種の「生得説」にこだわったのは、ロックのように表象（観念）の起源を全面的に経験に求めるなら「必然性」が説明できないことになるからであった。もとより、カントは純粋知性概念がそのままの形で主観に最初から存在するという意味での「生得表象説」をとるわけではなく、彼がとるのはいわば「胚芽生得説」（もしくは「素質生得説」）ではある。純粋知性概念の基が最初から心に備わっていて、そのため純粋知性概念は「他のようにでなくそのようなものとして生じ」るように定められているというのである。だが、そのような戦略で、カントはロック説が与えないと彼が考えた「必然性」を確保できたのだろうか。

否。

なぜかと言えば、例えば創造主の神のようなものの存在が認められており、その神が特定の観念や原理の胚芽をそれ以外にはありえないもの、つまり、必然的かつ普遍的なものとして与えたというのであれば、話は別かもしれないが、カントの胚芽生得説ではそのような基盤は示されないからである。単にわれわれ人間には純粋知性概念の基が最初から備わっていると言うだけである。しかし、それだけでは、それが必然的かつ普遍的である保証にはならない。というのも、人間以外のものは、それとは別の基が備わっていて、人間とは異なる基礎概念を持つ可能性が当然考えられるからである。

われわれ人間にはある「ものごとの捉え方」の基が生まれつきあるという主張は、別の周到な主張がその支えとならない限り、単にわれわれ人間の場合にはそういうことがあるということ、つまり、人間に関するある種の事実を言い立てるものでしかない。もしそれが本当に事実であるとしても、経験は必然性を教えないというカントの原則からすれば、それはカントの役には立たない。われわれはある「ものごとの捉え方」（例えば原因結果の必然的関係においてものごとを捉えるという捉え方）をする生物種であると述べても、それはある生物種に関する事実を述べたまでのことで、仮にそれが事実であるとしても、それは、カントの先の原則からすれば、その関係が必然的であることを示すわけではない。われわれ人間には事実そのような考え方しかできそうにないというだけのことであり、われわれにはそれがアプリオリなものであっても、別の生物種はそれとは異なるアプリオリなものを持っているかもしれないのである。

カントは、自分が主張していることは人間について言えることだということを、純粋知性概念について強調することはない。しかし、空間・時間という感性の純粋形式については、これらは人間について確認できることだということを、カントは繰り返し示唆している。例えば彼は次のように言う。

われわれは、人間の立場からのみ、空間〔……〕について語ることができる。〔……〕というのも、他の思考する存在者の直観については、われわれの直観を制限し、われわれにとって普遍的に妥当していると同じ条件にそれが拘束されているかどうかを、われわれはまったく判断することができないからである。[65]

ここでカントは、「他の思考する存在者」の可能性に言及し、そうした存在者が直観に関してどのような条件を持っているかは判断できないとする。そして、彼が論じている条件を、「われわれにとって普遍的に妥当している」（強調は冨田）としている。つまり、カントはここで、直観の条件について、あくまでわれわれ人間にとって普遍的に妥当するものとして、それを論じているのである。

同様の限定の仕方は、次の箇所にも見られる。

したがって、時間はまったく、われわれ（人間）の直観の主観的条件である。[66]

われわれは通常、現象の間で、現象の直観に本質的に属し人間の各々の感官一般に妥当するものと、〔……〕現象の直観に単に偶然に帰属するものとを区別する。[67]

カントはこれらの箇所で、自身の考察の対象となっている直観の条件が、あくまで人間の場合のそれであることを示唆している。人間の場合にはこうでなければならないという意味での「必然性」であれば、それは「必然性」とは言いながら、その普遍性の度合いを限定したものと言わなければならない。

10 「胚芽」と「素質」・再考——人類学主義

右に述べた〈人間に関するある種の事実を言い立てるものではないか〉との私の懸念は、カントが『純粋理性批判』において使用した「胚芽」(Keim) と「素質」(Anlage) の使用文脈を、カントの生物学的 (発生学的) 視点を表明する別のカント自身の書き物に求めることによって、いっそうその重大さを増すことになるであろう。講義「自然地理学」の内容を告知する「さまざまな人種について」(一七七五年) において、彼は次のように述べている。

ある有機体 (植物や動物) の本性に存する定まった発達の基礎 (Grund) は、この発達が特定の部位に関わるものであれば「胚芽」(Keim) と呼ばれるが、それが単に大きさや部位どうしの関係に関わるものであれば、私はそれを「自然的素質」(natürliche Anlage) と呼ぶ。同じ種類でありながら異なる気候の中で生きなければならない鳥には、寒冷な気候に生きる場合には新たな羽毛の層へと発達するものの、温暖な気候に留まらなければならない場合には抑制されるような胚芽がある。小麦の種子は、寒冷地においては、乾燥した土地や温暖な土地以上に寒冷多湿から保護されなければならないため、外皮の厚みを徐々に増していく、あらかじめ定まった能力ないし自然的素質が備わっている〔……〕。

偶然や一般的な機械論的法則は、そのような適合を生み出すことができない。したがって、われわれは機会に応じての（gelegentlich）そうした発達を、あらかじめ準備されていたと見なければならない。しかし、合目的性が認められない場合でも、受け入れた特定の形質を遺伝させるという能力だけで、そのためには特定の胚芽ないし自然的素質が有機的被造物の中に見いだされるべきであったことの、十分な証明となっている。というのも、外的な物は、必然的に遺伝し似てくるものにとっての機会因ではありえても、それを生み出す原因ではありえないからである[68]。

「胚芽」、「素質」、「基礎」ということに見られる表現は、先のカントの表現に確実に呼応している。カントが『純粋理性批判』でこうした文脈とは関わりなく「胚芽」や「素質」という言葉を用いたとは考えられない[69]。とすると、『純粋理性批判』や『純粋理性の新たな批判がすべて古い批判によって無用となるという発見について』において、それらの言葉を用いてカントが行う発言が、〈人間に関するある種の事実を言い立てるものではないか〉との私の懸念は、カントの生物学的視点を覆す決定的な論拠がない限り、払拭されるものではないであろう。

右の問題は、いわゆる「人類学主義」（Anthropologismus）のそれとして、かつてフッサール（Edmund Husserl, 1859–1938）が（カントに対してではないものの）取り上げて論じた問題である[70]。カントが行う概念の生得化は、なんらかの更なる方途によって当該概念の必然的（普遍的）性格が保証されない限り、人間に関する事実を述べた、単なる人類学主義的主張と見られるにすぎず、そのためカントの当初の目的を果たすものではない。一般に「事実」とは、そうでなくてもよかったと見られるものであり、それをもとに必然性を言い立てることは、事実確認という手続きだけではできないからである。しかし、自身の主張が人類学主義ではないことを、カントはいかなる立論によって明らかにするだろうか。カントには悪いが、たかだか、「アプリオリな認識」の存在とそれを論じるための「超越論的視点」の妥当性を独断的に主張するだけではないかと、私には思われる。(71)

極端な言い方をすれば、こうである。例えば、〈原因と結果の結合の概念は経験由来のものではなく、アプリオリなものである〉という呪文を唱えれば、原因と結果の結合が必然的なものになるのか。そうではあるまい。原因と結果の結合は必然的であるという思いが先行し、それを「説明」するには、その概念はアポステリオリなものではなくアプリオリなものとしなければならないと言っているだけである。結局のところクワインが言うように、先に「固守したいもの」があり、それを固守するため(さほどの有効性を持たない)理屈を増殖させているにすぎないと、私には思われる。

11　ロックの「規約主義」

次章に進む前に、一つ注意を喚起しておきたいことがある。

カントが空間と時間、一二の純粋知性概念をアプリオリなものとしたのは、純粋数学や純粋自然科学にその実例があると彼が信じた「アプリオリな総合判断」の可能性を明らかにするためであった。カントが先に述べたような仕方で自分とロックは決定的に違うと言っている以上、その件に関するロックの知見をどう考えるかをカントに尋ねても、おそらく答えはあるまい。しかし、ロックの『人間知性論』を読んだ人なら知っているように、ロックは数学に見られるような、経験の一般化(帰納的一般化）とは言えないような仕方でわれわれが持っている知識がどのようにして成立するかについて、複合観念の一つの種類である「様態」の観念を取り上げることによって考察する道を拓いていた。

　ロックによれば、「人間」や「金」のような実体の複合観念の場合、経験が与える「外的原型」を「自然誌」的方法によってよく調べ、その原型に合うよう当該観念を形成するようにしなければならない。ところが、「三角形」や「殺人」や「近親相姦」のような「様態」の観念の場合には、その原型が経験によって与えられる場合はあるものの、一般的にはそれはわれわれの知性が必要に応じて形成することができるとされている。様態の複合観念の場合には、いわばそれ自身がそれ自身の原型なのである。ロックは、数学や道徳について、こうした知性自身が作った観念からどのような知識が導出できるかという観点から、その可能性を検討しようとしたのである。

　これに関するロックの発言を一つ引いておこう。彼は道徳が論証できることについて、次のように述べている。

> そこ〔論証可能な道徳〕では、自明な命題から、数学の帰結と同様の、論争の余地のない必然的な帰結によって、〔……〕正・不正の基準が立証されるであろう。数と延長の様態間の関係同様、他の様態間の関係も、確実に知られるであろう。そして、他の様態も、もしそれらの一致ないし不一致を検討ないし追求するための適切な方法が思いつかれるなら、論証できないわけがないと私は思う。所有がなければ不正はないという命題は、ユークリッドのどの論証とも同じように、確実な命題である。[72]

ロックの議論はけっして詳細なものではないが、彼の説は一種の「規約主義」として理解されるものである。[73] われわれが一定の規約を設けたとき、そこからどのようなことが帰結するか。これは、事実確認による知識獲得とは異なる路線であるが、カントはロックのこのような「規約主義」的見解についても、それを一切無視する形で、自身の見解の優位を一方的に説いているのである。

第3章　カントはロックとヒュームを超えられたのか？
——アプリオリ化の実像

はじめに

カントは、空間と時間および一二個の基本概念が「獲得された」ものであることを認めながらも、その胚芽ないし素質がアプリオリにわれわれの心に備わっているとし、このアプリオリ化によって観念経験論の立場をとったロックの難点を克服できることを強調した。つまり、基礎的観念のルーツを経験に求めることによって、必ずそうでなければならないというタイプの認識が持っている必然性を説明できないでいる（と彼が考える）ロックに対して、自分は基礎的概念の「萌芽」ないし「素質」をアプリオリに知性が持っているとすることによって、認識の必然性を守ることに成功したと言うのである。しかし、前章に見たように、基本概念のルーツについてカントが実際に示したことは、ロックが『人間知性論』において提示した以上のことではほとんどなく、しかも、当該基本概念の「胚芽」、「素質」、「基礎」が生得的であるというカントの「胚芽生得説」もしくは「素質生得説」自体、「そうでなければロックと同じになる」ということを除けば明確な根拠が示されないばかりか、なんらかのさらなる理論的な支えがなければ、フッサールが批判した「人類学主義」以上のものにはなりえなかった。

こうした点を踏まえて、本章では、さらに歩を進め、「ヒュームの警告」に対するカントの反応の是非を別の角度から検討する。

1　ヒュームによるロックのなぞり

ヒュームが原因と結果の関係の核心的要素と見た「必然的結合」を、経験の中に「印象」として見いだすことができず、「恒常的接続」の観察から原因と結果を結びつける「習慣」が形成されるとし、これをもって原因と結果の結合の観念のルーツとしたことは、すでに第1章で確認したとおりである。また、ロックが「原因」の観念と「結果」の観念の獲得をどのように説明したかは、前二章で見たとおりである。両者の具体的な文言から、ヒュームの説がロックのそれの、心像論的視点からする「なぞり」であることは、すでに気づかれたことと思う。

ヒュームの言葉を、もう一度引用してみよう。

したがって、われわれがある対象の存在から別の対象の存在を推論できるのは、経験によってのみである。経験の本性は次のようなものである。われわれはある種類の対象がたびたび存在したことを覚えており、また別の種類の個々の対象がそれらの対象に常に伴い、規則正しくそれらに近接し継起するという仕方で存在したことを覚えている。例えばわれわれは、われわれが「炎」と呼ぶ種類の対象を見たこと、そして、「熱」と呼ぶ種類の感覚を得たことを覚えている。われわれは同様の仕方で、過去の事例のすべてにおけるそれらの恒常的接続を心に呼び起こす。われわれは単にそれだけで、一方を「原因」と呼び、他方を「結果」と呼んで、一方の存在から他方の存在を推論す

るのである。(1)

そうすると、出来事の間の必然的結合というこの観念は、これらの出来事の恒常的接続の類似の事例が多数起きることから生じるように見える。〔……〕類似の事例の反復のあとで、心は習癖(habit)によって、ある出来事が現れるとすぐさまそれがいつも伴っている別の出来事を予想し、それが存在するであろうと信じる。したがって、われわれが心の中に感じるこの結合、すなわち、ある対象からそれがいつも伴っている別の対象への、想像のこの習慣的移行(customary transition)が、われわれが能力ないし必然的結合の観念を形成する際に拠り所としている感じ(sentiment)ないし印象である。(2)

原因・結果の観念のルーツを経験における「恒常的接続」に求めようとするヒュームの右の考え方は、「習慣」という言葉こそ使われてはいないものの、第1章でのロックの引用箇所にすでに見られるものであった。確認のため、その要の部分を再度引用しよう。

例えば、われわれが蠟と呼ぶ実体に、以前にはそこになかった単純観念である流動性が、ある度合いの熱の適用によって恒常的に生み出されるのを見いだすと、われわれは、熱の単純観念を、蠟の流動性との関係においてその原因と呼び、流動性を結果と呼ぶ。(3)

また、原因と結果の観念と密接に関わる「能力」の観念についても、ロックは同様の指摘をすでに行っていた。

心は〔……〕これまでそうであったと恒常的に観察してきたことから、将来〔も〕同じものの中で同じような変化が同じような作用者によって同じような仕方で引き起こされるであろうと結論し、あるものの中にその単純観念のどれかが変化させられる可能性を考え、また別のものの中にその変化を引き起こす可能性を考える(4)。

明らかに、恒常的変化の観察から今後もそのようになるであろうと考えるというのが、ロックの見方である。ヒュームは、「恒常的接続」という言葉を用いて、心像論の立場からロックのこの見解をなぞっているにすぎない。

2　「図式」論——カントはロックやヒュームを乗り越えてはいない

では、仮に人類学主義の問題を棚上げにしたとして、原因と結果の関係の概念をアプリオリなものとすることで、カントはロックとヒュームを超えたと言えるのか。答えはまたしても否である。

カントは確かに、当該概念を含む一二の重要概念のアプリオリ化と空間・時間の観念化によって、純粋数学や自然科学のアプリオリな部門（と彼が信じたもの）を構成するアプリオリな総合判断の可能性の確保に向けて尽力した。けれども、今、話を原因と結果の結合の概念に戻せば、その概念の由来をアプリオリなものに求め、その概念の「胚芽」（ないし「素質」）を生得的なものとすることによって、その関係の「必然性」を確保しようとしたにもかかわらず、それを直観に適用する際に、カントは事実上、ロックやヒュームが認めたこと以上のことを、その適用の根拠としてはいない。つまりカントは、因果性の概念をアプリオリな、ある種の生得的なものとしたものの、その概念の直観への適用においては、結局のところ、その適用の根拠として、ロックがいくつかの箇所で述べ、ヒュームが「恒常的接続」と表現した事実以上のものを、提示しえてはいないのである。

この件が最も明確に示されるのは、カントの、図式についての議論である。カントはまず、次のように言う。

> 純粋知性概念は経験的〔……〕直観と比較すると〔それとは〕まったく種類が異なり、なんらかの直観の中にそれを見いだすことはけっしてありえない。そうだとすると、経験的直観を純粋知性概念のもとへ包摂すること、したがってカテゴリーを現象に適用することは、いかにして可能となるのか。というのも、「カテゴリー、例えば原因性は、感官によって直観することができ、現象の中に含まれている」とは誰も言わないだろうからである。[5]

これは、純粋知性概念（例えば原因性の概念）にそのまま対応するものが直観の中にはみつからないということである。カントのこの所見は、当該観念に対応する印象を経験の中に見つけることはできないというヒュームの所見に従ったものである。では、どのようなことが直観に見いだされる場合に、われわれは当該純粋知性概念をその直観に適用できるのか。これを示すのが、「超越論的図式」である。

カントは、「原因」の（超越論的）図式について、次のように言う。

物一般の原因と原因性の図式は、それが任意に定立される場合いつも他のなにかがそのあとに続くような実在的なものである。したがって、この図式は、規則に従う限りにおける多様なものの継起に存する。(6)

このように、原因の場合には、「それが任意に定立される場合いつも他のなにかがそのあとに続くような実在的なもの」とされている。「それが任意に定立される場合いつも他のなにかがそのあとに続く」というのは、「あることが生じると常に他のなにかがそのあとに生じる」ということである。このような状況が直観に見いだされる場合には、その当のものを「原因」とせよ、というのである。

明らかにカントは、ここでヒュームの言う「恒常的接続」の事象に言及している。二つのことが「規則に従〔って〕継起〔する〕」のであれば、先立つ方を「原因」とせよというわけであるから、「原因」概念の適用の手掛かりは、ロックが取り上げヒュームが「恒常的接続」と呼んだ、経験的事象以外のなにものでもない。もしここに言う「規則に従う限りにおける多様なものの継起」の「規則に従う限りにおける」を強くとり、「必然的な」と解するのであれば、これはただの論点先取にすぎない。

経験的直観自体が、すでに求める必然性を含んでいることになるからである。直観がそれ自体として必然性を含んでいるのであれば、われわれは直観に関する経験から原因と結果の結合の必然性を学ぶことができることになり、カントがヒュームの警告に促されて、必然性を確保するために原因・結果の概念をアプリオリな（生得的な）ものにしたことは、そもそも意味をなさないことになる。したがって、カントの発言が論点先取的なものではないとすれば、カントは、ロックが「恒常的変動」もしくは「恒常的変化」の観察として認め、ヒュームが「恒常的接続」と呼んだものの観察以上のなにかを根拠に、「原因」概念の適用を説明しているのではない。カントもまた結局のところ、「恒常的接続」という経験的観察を、彼がアプリオリ化した原因と結果の関係の概念を実際に適用する際の、基盤としているのである。したがって、彼の行った当該概念のアプリオリ化（生得化）は、概念（観念）のルーツに関する所見を変更しただけで、経験に拠らずにその必然性を説明するという所期の目的を果たしてはいないのである。

前章での考察の結果と合わせれば、カントは必然性を確保しようとして、結果的に二つの有効性のない手を打ったことになる。一つは、原因と結果の結合の概念をヒュームのように経験から得たとするのではその結合が持つべき必然性を確保できないことから、その概念のアプリオリ化を図ったが、それは結局人類学主義であるとの疑い――つまり、人間についての事実を言い立てるだけではないかとの疑い――を持たれる一手であった。そしてもう一つは、その概念を実際に直観に適用するためには、ロックやヒュームが認めた経験が持つある特徴（恒常的接続）に依拠すべしという一手であったが、これでは、最初の一手で原因と結果の結合の概念を純粋知性概念として知性にある仕方でアプリオリに備わっているとしたにもかかわらず、結局その概念の実際の適用においては、ロックやヒュームが依拠したある種の経験的事実に拠るしかない、ということになる。

このように、カントはロックと同じ事象を認めながら、ロックと袂を分かって胚芽生得説（もしくは素質生得説）をとり、にもかかわらず、実際の「原因」概念の適用に際しては、経験（恒常的接続の確認）に依拠するという方策を取った。したがって、先に取り上げた概念そのものの「必然性」（つまり当該概念が適用されなければ経験は成立しないという意味での必然性）の問題とは別に、ある原因とその結果との間の必然性（「必然的結合」に言う必然性）については、カントはロックやヒュームが言う以上のものを押さえられてはいないのである。

3　知覚判断と経験判断

カントが原因概念をアプリオリなものとしてその概念自体の必然性を確保しようとしながら、その実際の適用においては彼が拒否した「経験」論者の見地以上のものを提示しえていないことは、原因・結果の捉え方が今日そうであるように、必ずしもそれを適用しなくてもいい可能性があることを、カント自身が（図らずも）示していると見ることも可能である。そのことが実際に確認されるカントの見解の一つに、「知覚判断」と「経験判断」の区別がある。

カントは、原因とされ結果とされる二つの項の間の関係は必然的でなければならないと言う。ところが、カントが純粋知性概念の一つとした原因と結果の結合の概念は、われわれは変化をすべてそれによって捉えなければならないという意味で、どのような変化にも必然的に適用されるものであるかと言えば、実際にはそうはなっていない。『プロレゴーメナ』で説かれるように、カントはものごとがわれわれにどう見えるかについての判断を「知覚判断」(Wahrnehmungsurtheil) とし、これを、経験の対象がどうあるかについての「経験判断」(Erfahrungsurtheil) と区別する。前者は主観的判断、後者は客観的判断とも言われる。これについてカントは次のように言う。

経験的判断 (empirisches Urtheil) は、それが客観的妥当性を持つ限りにおいて、経験判断である。しかし、それがただ主観的に妥当するだけであれば、私はそれを単なる知覚判断と呼ぶ。後者はいかなる純粋知性概念をも必要とせず、思考する主観における諸知覚の論理的結合だけを必要とする。しかし前者は、感性的直観の諸表象に加えて、特殊な、知性の中で根源的に生み出される諸概念を常に必要とし、こうした諸概念が、経験判断を客観的に妥当な判断たらしめるのである(7)。

「後者〔知覚判断〕はいかなる純粋知性概念をも必要とせず」と言われていることに注意されたい。カントの経験判断と知覚判断のこの区別は、直観において与えられたものについて、必ずしも純粋知性概念を適用した判断をなす必要がないことを示唆する。例えば原因と結果の関係の場合、われわれは二項の関係を原因と結果の必然的関係と必ず捉えなければならないかと言えば、そうではなく、自分にどのようなものが現れていると思われるかを判断するだけの場合も、カントにおいては許されているのである。

カントが同一の事象について「知覚判断」と「経験判断」のいずれもが成り立つことを具体的に示す次の箇所は、この事態をよく表している。カントは次のように言う。

部屋が暖かい、砂糖が甘い、ニガヨモギが嫌な味だ、というのは、主観的にのみ妥当する判断である。私は自分がそれを常に認めるよう、あるいはほかの誰もが私と同じようにそれを認めるよう、求めはしない。これらの判断は、ただ、二つの感覚の、同じ主観に対する、すなわち私自身に対する関係を、しかも私の今の知覚の状態における限りでの関係を、表現しているだけであり、したがって客観に妥当するはずもない。こうした判断を、私は知覚判断と呼ぶ。経験判断の場合には、事情はまったく異なっている。経験は、それがある状況で私に教えることを、常に私に教えるとともに、それを誰にでも教えなければならず、その妥当性は、その主観や主観のそのときの状態に制限されるものではない。したがって、私はすべてのそのような判断を、客観的に妥当であると言う。例えば、空気は弾力的である、と私が言う場合、この判断はさしあたり知覚判断にすぎず、私は自分の感官における二つの感覚をただ互いに関係づけているだけである。〔しかし、〕もし私がそれを経験判断にしたいと思うのであれば、私はこの結合がある条件に従うことによって普遍的に妥当なものとなることを求める。つまり私は、自分が常に、またすべての人が、同じ状況においては同じ知覚を必ず結びつけなければならないということを、望むのである。(8)

この箇所で挙げられている「知覚判断」の例からして明らかなように、われわれは「客観的妥当性」

を持たない判断を、常にすることが可能である。つまり、カントの先の言い方では、「いかなる純粋知性概念をも必要とせず、思考する主観における諸知覚の論理的結合だけを必要とする」ような判断を、その気になれば常にすることができる。ということは、純粋知性概念についての「必然性」というのは、それを使わなければあらゆる判断は不可能であるという意味での「必然性」ではない。

もともとカントが原因と結果の関係に関する概念をロックのように経験から獲得されたとするのを忌み嫌ったのは、原因・結果の関係を必然的としない可能性を排除するためであったはずである。ところが、図式論でのカントの見解が結局その概念の適用を直観における「恒常的接続」の確認に委ねるものであるばかりか、知覚判断と経験判断の区別は、必ずしも当該概念を適用せず、継起する二項の関係を必然的なものとして捉えなくてもいいことを示唆している。

このような、純粋知性概念を使用しない判断の可能性と現実を見るとき、一体カントは何のために基礎概念のアプリオリ化を進めようとしたのかが、いっそう疑問になる。

純粋知性概念にとって、それが必然的であるということは、これまでの考察からすれば、あることをなすためには――つまり「客観的」判断をなすためには――それを使わなければならないということである。となると、問題は、その場合の「客観的判断」（経験判断）ということでカントが何を考えているかである。この問題こそ、次章の主題となるべきものである。

4　カント説のもう一つの謎――必然性をめぐる循環

章を改める前に、本章のこれまでの議論との関係において、一つ、指摘しておかなければならないことがある。それは、前章で確認した、「経験は必然性を教えない」というカントの主要テーゼに関わる。

カントが「経験は必然性を教えない」ということを自身の議論の核心部分で使用したことは、前章に見たとおりである。原因と結果の関係の必然的性格を認めなければならないということについては、カントはヒュームと同意見であった。その必然的関係を感覚に求めようとしても見いだせず、そのためヒュームは、経験によって知られる「恒常的接続」から形成された「習慣」によってそれを説明しようとした。これに対して、カントは、それでは「必然性」を確保できない（なぜなら、「経験は必然性を教えない」から）として、原因と結果の結合をはじめとする一二個の重要概念をすべてアプリオリに知性に備わるものとした。ところが、そうした措置にもかかわらず、結局カントの場合にも、そのアプリオリな概念としての原因と結果の結合の概念を適用する際には、経験が教える恒常的接続にあたるものの観察に依拠しなければならなかった。

もしカントが言うように、恒常的接続にあたるものを観察する現場で、原因と結果の結合の概念という純粋知性概念が、彼が言うような仕方で実際に機能しているとしたら、われわれは、原因とされるものと結果とされるものが必然的関係にあることを、その場で（なんらかの仕方で）知るはずである。つまり、われわれは、ある原因とある結果との関係が必然的なものであることを、観察という経験の現場で知らずにはいられないはずである。だがカントは、「経験は必然性を教えない」と言う。ここに、実に奇妙な形の矛盾がある。

カントの言うように、概念のアプリオリ化がその概念の必然性を保証し、原因と結果の結合の概念の場合にはそれが原因と結果の関係が必然的であることをも保証する道であったとすれば、アプリオリなものとされた原因と結果の結合の概念が機能する経験の現場では、原因と結果の関係は必然的なものとして認識されるはずである。にもかかわらず、「経験は必然性を教えない」と言うのなら、そもそもカント自身はどこから原因と結果の関係が必然的であることを学んだのか。学ばなくても誰でも知っていることなのか。

もし原因と結果の関係が必然的であることは学ばなくても誰でも知っていることだとカントが言うのであれば、小さい子どもにそれを尋ねてもわからないではないかと反論する手もあろう。つまり、ここでカント自身に対して、ロックがやったような「普遍的同意」の欠如を持ち出すというわけである。けれども、そんなことをしても、カントは動じないであろう。彼はそのために、純粋知性概念そのものがそのままアプリオリに知性に備わっているというのではなく、純粋知性概念の「胚芽」や「素質」や「基礎」が知性に備わっているとしたのである。それが十分に発現しない間は、それを知らない人がいても不思議はないという論法である。

そもそも、カントが原因と結果の結合の概念をアプリオリなものとすべきであると主張するのは、その関係が必然的なものだという強い確信があったからである。これがなければ、「習慣」に依拠したヒュームを論難する理由はカントにはなかったはずである。とすると、経験から学んだわけでもないのに、なぜカントは、原因と結果の関係が必然的だと知ったのかという先の問いに、われわれは戻ることになる。仮にそれをカントは原因と結果という純粋知性概念の働きによって経験から知ったというのなら、なぜ経験は必然性を教えないと言うのか。また、胚芽として生得的に備わっているとカントが言う当該純粋知性概念を単に胚芽として持っているだけでは、原因と結果の関係の必然性はわれわれにはわからないとしても、それが感覚を機会因として発現するとすれば、それが十分に発現し直観に適用されたときには、われわれは、先に述べたように、原因と結果の関係の必然性をなんらかの仕方で経験において知ることになる――つまり、経験から必然性を学ぶことになる――はずである。こうした点を勘案するなら、カントの見解は、われわれの整合的な理解を拒んでいるようにしか見えない。しかも、カント自身は、こうした基本的な問題について、どこにも明快な解答を示してはいないのである。

もしカントが事実に反して原因と結果の関係の必然性を経験から学んだと言うのであれば、これは「経験は必然性を教えない」という自らのテーゼと矛盾するし、また、別のソースからと言うのであれば、カントはそのソースについて縷々説明しなければならないが、それをアプリオリな純粋知性概念に求めるなら、それは循環にすぎない。基本概念を純粋知性概念というアプリオリな概念にしたのは、カントがその必然性を認めたからであるのだから、その必然性をその概念のアプリオリ性に基づくとするなら、これは循環でしかないからである。

こうしてみると、結局のところ、カントの一連の議論が最終的に依拠しているのは、とにもかくにも原因と結果の関係は必然的なものであるという、彼自身の強い信念でしかない（そうした信念を持たない現代のある分野のエキスパートの存在については、ここでは論及しない）。そうした強い信念から、彼はヒューム流の扱いを忌避し、自らが編み出したアプリオリ化の道を進もうとしたのである。

そのようなわけで、少なくとも原因と結果の関係に関する限り、カントが拠り所としているのは、煎じ詰めれば、出所が一目瞭然とは言えない、〈両者の関係は必然的である〉という彼自身の強い信念以外にはなさそうである。

5　自然科学を基盤とした形而上学

第5章で見るように、カテゴリー表の中の三つ目のグループである「関係のカテゴリー」の三つの項は、カントがその真理性を強く確信していた「質量保存の法則」、「慣性の法則」、「作用・反作用の法則」のアプリオリな成立を保証するために選ばれたものであった(9)。そして、「慣性の法則」については、それが成り立つためには、原因と結果の必然的関係が認められなければならないと、カントは考えていた。運動は、なんらかの原因が関与しない限りその状態を変えることはないと、カントは主張したかったのである。

このように、カントは原因と結果の関係が必然的なものであることを重視した。しかも、右に挙げた自然科学の諸法則を、彼はアプリオリなものと位置づけた。科学史的には受け入れがたいことだが、それらの法則を、経験によらない、アプリオリなものとするというカントのこの方策は、因果関係を必然的なものと見ることと表裏一体をなしていた。

科学の基本法則が、カントのように形而上学的(純粋哲学的)基盤を持つと決めつけるのではなく、経験に基づく科学的探究の成果だとするのであれば、また、原因と結果の関係が必然的であるか否かは自然科学に属する問題であるとするのであれば、そしてさらには、カントが原因と結果の関係の「必然性」の信念を醸成していったのは自然科学的探究においてであったとするのであれば、カントは、自然科学を形而上学によって基礎づけようという彼の意に反して、自然科学を基盤として、形而上学的営みをなしたことになる。もしそうであるなら、カントは、フッサールやクワインの言う、「自然主義者」だったことになる。

私の見るところ、カントが『純粋理性批判』の基礎部分で行った立論は、自身が強く信じていることがなぜ成立するかを、自身が強く信じている当のことに依拠しつつ論じるという一種の循環になっている。ここに「一種の」という形容語を付すのは、結果的には、それが単なる循環ではなく、自身が信じることをその循環の中でより明瞭にしていこうとする過程だからである。だが、それは紛れもなく、カントが必然性、普遍性、明証必然性を目指したにもかかわらず、彼もまた時代の子であり、自身が信じることをより鮮明に論じようとしたにすぎないという皮肉な結果でもあった。次章ではこの循環のあり方をより鮮明にすべく、演繹の問題を取り上げることにする。

第4章　そもそも「演繹」は必要だったのか？

——自身の「経験」概念の絶対化

はじめに

カントが「純粋知性概念」の「演繹」を必要としたのは、彼がヒュームの警告に従って、それらが経験的概念とは異なり直観にそれ自身の直接的対応物が現れないことを問題視したからであった。ヒュームの言う原因と結果の「必然的結合」の観念の基となるべき印象が経験の中に見いだせないのは、それが関係の観念であってみれば当然のことであったが、結局のところヒュームもカントもそれを当然視せず、両者はそこから別々の論を展開する。すなわちヒュームは、印象の中に必然的結合が認められないことから、そのルーツを「恒常的接続」の経験を経由して「習慣」のうちに求めた。これに対して、カントはヒュームの路線を、その必然的関係を経験によって説明しようとするものであると見、「経験は必然性を教えない」ことから、それでは説明にならないとした。そして、問題の原因と結果の結合の概念を含む一二の基本概念を、知性にアプリオリに属するものとした。

こうしてカントは、純粋知性概念を知性にアプリオリなものとして帰属させつつも、ヒュームに従い、それらの直接的対応物が直観には見いだせないという点を重視する。経験的概念の場合、例えば「犬」の概念の場合には、それに「包摂」され、それが「適用」されるところの、個々の犬（犬の事例）を、直観の中に見いだすことができる。であるから、そうした経験的概念の場合には、個々の事例の存在を経験の中に確認することで、その概念が直観に対して正当に使用できることが保証されるとカントは考える。これに対して、純粋知性概念の場合には、それに直接的に対応するものを直観に見いだすことができないのであるから、当該概念が直観に対して正当に「適用」できること（言い換えれば、直観の中に現れるものをその概念に「包摂」しうること）を、個々の事例を直観の中に確認するのではない仕方で（つまり、ロックのように「経験的演繹」に依存するのではないような仕方で）、証明しなければならないとしたのである。

こうしてカントは、純粋知性概念の場合の「演繹」——「超越論的演繹」——を、超越論的分析論の中で試みる。この演繹の重要性について、カントは『純粋理性批判』第一版の序言の中で、次のように言う。

われわれが知性と呼んでいる能力を解明し、同時にその使用の規則と限界を定めるための研究としては、私が超越論的分析論の第二章で「純粋知性概念の演繹」という標題のもとに試みた研究以上に重要なものを、私は知らない。また、それらの研究は私にとって最大の努力を要したが、その努力の甲斐はあったと思う。(1)

だが、そもそも、カントの言う「純粋知性概念」をこのようにアプリオリに知性に属するものとしたからと言って、その概念の必然性が確保されるわけではないことは、第2章で論じたとおりである。また、そうした措置にもかかわらず、カントは結局のところ、少なくとも原因と結果の結合の概念については、その適用条件として、ヒュームの言う「恒常的接続」の観察以上のものを提示することはなく、その意味で、ヒュームを（そしてヒュームがなぞったロックを）超えるものではないことは、前章で見たとおりである。本章では、さらに進んで、果たして「演繹」自体が必要なものであったのか、結局のところ、それはカントが〈経験とはこのようなものであるべきだ〉と考えていたことを形を変えて説明してみせようとしたにすぎず、それをしたからといって当該基礎概念の正当性が「明証必然的」な仕方で示されるものではなかったのではないかという点について考察する。

1　客観的演繹と主観的演繹

第一版序言からの先の引用箇所に続けて、カントはさらに次のように言う。

しかし、〔……〕この考察は、二つの面を持っている。一つは、純粋知性の対象に関わり、純粋知性のアプリオリな概念の客観的妥当性を証明するとともに、理解可能にするという面である。まさしくそのことから、その面はまた本質的に私の目的の一部をなす。もう一つの面は、純粋知性そのものを、その可能性と、純粋知性そのものの基盤をなすもろもろの認識能力とに関して考察し、したがって、純粋知性を主観的関係において考察しようとするものであるが、この究明は私の主たる目的にとって多大な重要性を持つものの、本質的にその主たる目的の一部をなすものではない。というのも、主要な問いは、あくまで、知性と理性はいかなる経験とも関わることなく何をどれほど認識することができるかであって、思考能力そのものがどのようにして働くことができるかということではないからである。後者は、いわば与えられた結果に対してその原因を探し出すことであり、その限りにおいて、仮説に似たものをそれ自体において持っているので（別の機会に示すように、実はそうではないのだが）、あたかもこの場合には、私が自分には臆断することを許し、それゆえ読者にもまた別様に臆断することを許さなければならないかのように見える。これに関して、私は読者に、先に次のように注意を促しておかなければならない。すなわち、私の主観的演繹が私の期待に反して読者を完璧に納得させなかったとしても、ここでの主たる問題である客観的演繹のほうは完璧な強さを発揮するのであり、そのためには、いずれにせよ、九二ページから九三ページで述べることだけで十分でありうる、[2]と。

このように、カントは、自身が進める「演繹」に二つの面があるとし、その一つの面を、「純粋知性の対象に関わり、純粋知性のアプリオリな概念の客観的妥当性を証明するとともに、理解可能にする」ものとしている。そして、もう一つの面は、「純粋知性そのものを、その可能性と、純粋知性そのものの基盤をなすもろもろの認識能力とに関して考察し、したがって、純粋知性を主観的関係において考察しようとするものである」と言う。カントは前者を「客観的演繹」と呼び、後者の「主観的演繹」と区別している。そして、後者は読者を完璧に納得させないかもしれないけれども、「ここでの主たる問題である客観的演繹のほうは完璧な強さを発揮する」のであって、そのためには、『純粋理性批判』第一版の「九二ページから九三ページで述べることだけで十分でありうる」と言う。

本章での考察の対象は、この「客観的演繹」の妥当性である。まずはカントが言う「九二ページから九三ページ」で、彼が何を述べているかである。

2　客観的演繹の要

カントが「九二ページから九三ページで述べることだけで十分でありうる」としている当の箇所は、第二版でも書き直されてはいない。その箇所で、カントは次のように述べている。

> 総合的表象とその対象が出会い、互いに必然的な仕方で関わり、いわば相互に一致することができるのは、二つの場合に限られる。すなわち、対象のみが表象を可能にするか、それとも表象のみが対象を可能にするかのいずれかである。前者の場合には、この関係は経験的でしかなく、表象はけっしてアプリオリに可能ではない。そしてこれは、現象の場合に認められることで、現象において感覚に属するものに関してそうである。しかし、後者の場合には、表象自体そのものは（意志によるその原因性はここでの話題ではないから）その対象を現実存在に関して産み出すことがないので、それでもその表象によってのみなにかを一つの対象として認識することが可能である場合には、その表象はその対象をアプリオリに規定することになる。しかし、対象の認識を可能にする条件は二つある。一つは直観で、それによって対象が、しかし現象としてのみではあるが、与えられる。もう一つは概念で、それによって、この直観に対応する対象が思考される。しかし、第一の条件すなわち対象の直観を唯一可能にする条件が、実際、形式という形においてアプリオリに心の中で客観の基盤をなしているということは、先述のことから明らかである。したがって、すべての現象は感

性のこの形式的条件に必然的に合致する。というのも、すべての現象は、感性のこの形式的条件によってのみ現象するからであり、言い換えれば、経験的に直観され与えられるということが可能となるからである。ところで、問題は、なにかを直観するための条件ではないけれども、なにかをそもそも対象として思考するための必須の条件として、アプリオリな概念が先行しないかどうかである。というのも、アプリオリな概念を前提しなければ、なにものも経験の客観とはなりえないので、そうした概念が先行する場合、対象のすべての経験的認識は、それらの概念に必然的に従うからである。ところでしかし、すべての経験は、なにかを与える感官の直観のほかに、直観において与えられ現象する対象の概念をも含んでいる。そのため、対象一般の諸概念は、アプリオリな条件として、すべての経験認識の基盤をなす。したがって、アプリオリな概念としてのカテゴリーの客観的妥当性は、それによってのみ経験が（思考の形式に関して）可能となるということに基づいている。というのも、その場合、カテゴリーは、経験の対象と必然的かつアプリオリに関わるからであるが、それは、カテゴリー一般を介してのみ、経験のなんらかの対象を思考することができるからである。(3)

特に重要なのは後半部分である。カントは、「対象」の認識を可能にするのは、対象を与える直観と、対象を思考するための概念である、ということを確認した上で、「アプリオリな概念を前提しなければ、なにものも経験の客観（言い換えれば経験の対象）とはなりえない」と言い、「対象一般の諸概念は、アプリオリな条件として、すべての経験認識の基盤をなす」と言う。つまり、カントによれば、一二のカテゴリー（純粋知性概念）が直観において与えられたものに適用されなければ、直観において与えられたものは経験の対象となることができず、経験認識は成立しない。したがって、純粋知性概念が直観に適用されるのは当然のことだというのである。

カントは同様の発言を形を変えて繰り返すのであるが、要するに、彼が挙げる一二のカテゴリーは、経験や経験の対象や経験認識が成り立つための不可欠の条件であるから、それらを直観に適用するのは正当であるという論法である。

当然ながら、この論法の基盤はカントの「経験」(Erfahrung) 理解にある。カントの主張が理解されるために不可欠なのは、彼の言う「経験」が何を意味しているかを理解することであり、彼の主張が妥当であるために不可欠なのは、まずもって、彼の経験理解そのものが妥当なものであることである。

3　カント自身の「経験」理解が基盤となって

問題の所在は明らかであろう。カントは、右の引用箇所で、「アプリオリな概念としてのカテゴリーの客観的妥当性は、それによってのみ経験が(思考の形式に関して)可能となるということに基づいている」と言う。いかなる「経験」が可能となるのか。『純粋理性批判』の中には、「経験」という言葉が多用されているが、カントが自身の経験理解の内実とその妥当性を正面から問うことはない。

カントの「経験」の用法をいくつか見ておこう。まず、『純粋理性批判』第一版からである。

経験は、疑いなく、われわれの知性が感性的感覚というなまの素材を加工することによって生み出す最初の産物である。[4]

ところで、きわめて注目すべきことだが、アプリオリな起源を持つに違いなく、おそらくわれわれの感官のもろもろの表象に連関を与えるためにのみ役立つ認識が、われわれの経験の中にさえ入り込んでいることが明らかになる。というのも、われわれの経験から感官に属するものをすべて除去したとしても、それでもある根源的な諸概念と、それらの概念から生み出された諸判断があとに残るからである。それらの概念や判断は、まったくアプリオリに、経験に依存することなく生じたに違いない。というのも、それらの概念や判断は、われわれが、感官に現象する対象について、単なる経験が教えるよりも多くのことが言えるようにさせ——少なくとも言えると信じるようにさせ——るとともに、主張が、単なる経験的認識が提供できないような真の普遍性と厳密な必然性を含むようにするからである。[5]

カント『純粋理性批判』第1版
（1781年）の扉

次は、第二版からである。

経験そのものは、知性が要求する認識の仕方であり、私はその知性の規則を、私の中に、まだもろもろの対象が私に与えられる前に、したがってアプリオリに、前提しなければならず、その規則はアプリオリなもろもろの概念として表現され、したがって経験のすべての対象は、それらの概念に必ず従い、それらの概念と一致しなければならない〔……〕[6]。

カント『純粋理性批判』第２版
（1787年）の扉

われわれのすべての認識が経験とともに始まるということには、まったくなんの疑いもない。というのも、対象が認識能力を覚醒させ活動に向かわせるのでなければ、何が認識能力を覚醒させ活動に向かわせるのか。こうした対象は、われわれの感官を刺激して、自らさまざまな表象を引き起こすとともに、われわれの知性の働きを作動させる。そして、知性はその働きによってそれらの表象を比較し結合・分離して感性的印象というなまの素材を加工し、「経験」と称される対象の認識を形成する。したがって、時間的には、われわれの中にあるいかなる認識も、経験に先行することはなく、すべての認識は経験とともに始まる[7]。

文脈からして、カントがどのような仕方で「経験」を理解しているかは、もちろんわかる。例えば、それは「知性が感性的感覚というなまの素材を加工することによって生み出す最初の産物」であると言われており、またそれは、「感官に属するもの」のほか、「ある根源的な諸概念と、それらの概念から生み出された諸判断」からなるもののようであり、知性が関わるものであり、知性の規則に従わなければならないものであり、対象からの感官刺激によって知性を働かせて成り立つもののようである。そうした「経験」理解は、もちろんカントの理解である。とすると、カントは、自らが理解する「経験」の、その可能性の条件として、原因と結果の関係の概念を含む一二の純粋知性概念を挙げ、それらが直観に適用されなければ経験は成り立たないという具合に、「客観的演繹」を進めるのである。

4　カントの議論の実際

カントは、「演繹」に限らず、超越論的分析論のさまざまな箇所で、自身の理解する「経験」概念を基にした議論を行う。まず、第2章で引用した、「カテゴリーの超越論的演繹への移行」について論じた箇所での彼の発言を、再度取り上げる。

すべてのアプリオリな概念の超越論的演繹は、すべての研究がそこへと向けられなければならない一つの原理を持つ。すなわち、アプリオリな概念は、（経験において出会われる直観の可能性の条件であろうと、思考の可能性の条件であろうと）経験の可能性のアプリオリな条件と認められなければならないという原理である。経験の可能性の客観的根拠を与える諸概念は、まさにそれゆえに必然的である。(8)

ここでは、決まり文句の「経験の可能性のアプリオリな条件」という言葉が使われ、超越論的演繹は、純粋知性概念がそうした条件であることを明らかにしなければならないとされている。

次は、第二版の「純粋知性概念の普遍的に可能な経験における使用の超越論的演繹」と題された箇所におけるカントの言葉である。

知覚でさえそれによって可能となるすべての総合は、カテゴリーに従っており、経験は結合されたもろもろの知覚による認識であるから、カテゴリーは経験の可能性の条件であり、したがって、経験のすべての対象にもアプリオリに妥当する。(9)

ここでも、当然ながら、「経験の可能性の条件」が話題となっている。

超越論的演繹とカント的「経験」との関係をもっと端的に示すのは、第二版の演繹を要約した次の言葉である。

この演繹は、純粋知性概念を(それとともにすべてのアプリオリな理論的認識を)経験の可能性の原理として叙述したものである〔……〕。(10)

ここでは、超越論的演繹は純粋知性概念を「経験」の可能性の原理と見ることが、明確に語られている。

もう一つ例を挙げておこう。「第二の類推」の証明の中の言葉である。

現象の継起における因果関係の原則は、（継起の条件のもとにある）経験のすべての対象に対しても妥当する。というのも、この原則そのものが、そうした経験の可能性の根拠だからである。[11]

ここに言う「因果関係の原則」は、もとより、「すべての変化は原因と結果の結合の法則に従って生起する」（第二版）[12]というものだが、この原則が「経験の可能性の根拠」とされている。つまり、カントの言う「経験」とは、例えばこの「因果関係の原則」が当然妥当するような「経験」なのである。

5　カントの立論の論理構造

このように、カントは自身の「経験」概念を、「超越論的分析論」の至るところで議論の最終根拠として用いている。しかし、先述のように、彼はその経験概念の妥当性そのものを問うことはない。では、その経験概念はどのような内実のものかと言えば、それは端的に、彼が挙げた空間と時間という二つの純粋な直観形式と、一二の純粋知性概念、右の「因果関係の原則」をはじめとするいくつかの原則が妥当するような経験である。われわれはそれを、空間・時間、純粋知性概念、諸原則に関する彼の議論を取り上げて、再現することができる。だが、そもそも彼の「経験」概念が普遍妥当なものであることの保証がなければ、それに依拠して組み立てられた超越論的分析論の彼の議論も、彼が言うような普遍妥当性を持つとは言えない。

問題はそこにある。カントは自らの経験理解を超越論的分析論のコア概念として用いながら、その妥当性を吟味せず、にもかかわらず、ロックやヒュームを論難するような仕方で、自身の論の妥当性を主張する。彼の経験理解がどのような意味で必然性を有すると言えるのか。以下では、この問題をさらに考察する。

「A」がどうして可能なのか、その可能性の条件を明らかにするという課題に取り組むとき、そもそもその「A」が何なのか、これが問題である。もしカントが『存在と時間』のハイデッガー（Martin Heidegger, 1889–1976）のように、われわれが「A」についてさしあたり理解していることから始めて、「A」が何であるかという問いを次第に仕上げていくという仕方で事柄に迫ろうとするのであれば、そのような方途も当然ありえて、カントは『純粋理性批判』全体でそのような問いの深化とそれによる解答の試みを行ったのだと言うこともできよう。だが、実際のカントは、けっしてこのような、問いへの取り組み方を認めてはいない。例えばカントは、『純粋理性批判』第一版の序言で、次のように述べている。

確実性に関して言えば、私は自分自身に次のような判決を言い渡した。すなわち、この種の考察においては、憶測は許されず、そこでは仮説に似ているだけですべて禁制品となり、どれほどの安値であっても売りに出すことは許されず、見つけ次第差し押さえなければならない、と。なぜなら、アプリオリに確定されるべきあらゆる認識は、まったく必然的であるとみなされることを欲するとそれ自身告げており、すべての明証必然的（哲学的）確実性の基準であるべき、したがってその手本ですらあるべきすべてのアプリオリな純粋認識の規定は、なおさらそうだからである[13]。

問題の「経験の可能性の条件」も、ここに言うように、「まったく必然的」で、「明証必然的」でなければならないとされている。ハイデッガーの場合のように理解の「循環」構造の中で次第に明るみにもたらされるようなものとしてではなく、なんらかの仕方でそれでしかありえないものとして提示されることが、『純粋理性批判』の議論全体にわたって求められているのである。

超越論的分析論におけるカントの議論は、デカルトのように「すべてを疑い」ゼロから始めるという方針を立ててはいないものの、その議論の仕方はいかにも「基礎づけ主義」的である。つまり、筋立てはけっして整理された形で示されることはないものの、ある主張の基礎となる最終的な「明証必然的」な事柄を、可能な限り取り押さえながら論を進めているという示唆が、繰り返し行われる。その一つが純粋知性概念（カテゴリー）の導出である。

6　純粋知性概念（カテゴリー）の導出・再考

まず、「超越論的分析論」の冒頭でカントが述べていることを確認しよう。

この分析論は、われわれのアプリオリな全認識を、純粋知性認識の要素へと分解するものである。

ここで重要なのは、次の諸点である。一、〔そこで扱われる〕もろもろの概念は、純粋概念であって経験的概念ではないこと。二、それらは直観や感性には属さず、思考と知性に属すること。三、それらは基礎概念であって、派生概念や、それらを組み合わせた概念とは十分に区別されること。四、それらの表は完全な〔必要なものが全部備わっている〕ものであり、それらは純粋知性の全領域を完璧に満たすものであること。(14)

こうした知性に属する純粋な概念として一二のものが挙げられ、それらからなるカテゴリー表は、問題の純粋概念を一つも漏らすことなく列挙したものとされる。

では、それらの純粋知性概念（カテゴリー）は、何を基に導出されるのか。カントは「すべての純粋知性概念の発見の超越論的手引き」の第一節で、次のように言う。

知性は直観の能力ではない。〔……〕各々の知性の認識、少なくとも人間知性の認識は、概念による認識である〔……〕。すべての直観は、感性的なものとしては、〔物自体からの〕触発に基づき、もろもろの概念は、〔心の〕機能に基づく。そして、私は機能を、さまざまな表象を一つの共通な表象のもとに秩序づける一つ一つの働きと理解する。したがって、感性的直観が印象の受容性に基づくように、概念は思考の自発性に基づく。ところで、知性は、これらの概念について、それを通して判断するという以外の使い方をすることはできない。〔……〕すべての判断は、われわれの〔複数の〕表象を統一する〔一つにする〕機能である。〔……〕われわれは、知性のすべての働きを判断に還元することができ、したがって、知性は、一般に、判断する能力と考えることができる。というのも、知性は、右に述べたことからして、思考する能力だからである。〔……〕したがって、知性の機能がすべて発見されるのは、判断における統一の機能を完全に叙述することができる場合である。しかし、これがまったく十分に達成されうることは、次節において目の当たりにするであろう[15]。

このように、カントは純粋知性概念が判断のために用いられるものであることを示した上で、それを完璧に数え上げるためには、判断の種類を周到に確認する必要があることを示唆する。そして、ここに言う「次節」、つまり、「すべての純粋知性概念の発見の手引き」第二節の冒頭で、カントは件の判断表を提示する。

もとより、カントは判断表について若干の解説は行うものの、その判断表が完全なものである理由を具体的に明示することはない。われわれがそこで推測できるのは、カントがアリストテレス以来の伝統的論理学を「完成された」ものと考えているということだけである。カント自身、このことを、『純粋理性批判』第二版序言で次のように語っている。

論理学がこの〔学の〕確かな歩みをすでに最古の時代から進めてきたことは、論理学がアリストテレス以来、一歩も退く必要がなかったことから見て取れる。もとよりこれは、若干の無用の煩瑣な点を除去したり、言われたことをより明確に規定したりすることを論理学にとって改良とは思わないとしてのことであるが、〔そもそも〕これらは学の確実性よりも優雅さに属するものである。論理学についてさらに注目すべきは、それが今日に至るまで[16]一歩も前進することができず、したがって、どう見ても完結し完成しているように見えることである。

この「完結し完成しているように見える」伝統的論理学の判断表から、先の純粋知性概念のリストが作られることについて、カントは次のように説明している。

> 一つの判断においてさまざまな表象に統一を与えるのと同じ機能が、一つの直観においてさまざまな表象の単なる総合にも統一を与える。この機能は、一般的な言い方をすれば、純粋知性概念と呼ばれる。したがって、同じ知性が、しかも、概念において分析的統一を手段として一つの判断の論理形式を実現したのとまさしく同じ働きによって、直観一般における多様なものの総合的統一を手段として、自らの諸表象の内へと、ある超越論的内容をもたらす。そのため、それらの働きは純粋知性概念と呼ばれる〔……〕。
>
> 先の〔判断〕表には、すべての可能な判断における論理的諸機能が列挙されていたが、それとまったく同数の、直観の対象一般にアプリオリに関わる純粋知性概念が、右のような仕方で生起する。というのも、知性は先述の諸機能によって完璧に尽くされており、その能力はそれによってまったく測り尽くされているからである。われわれは、これらの概念を、アリストテレスに従って「カテゴリー」と名づけようと思う〔……〕[17]。

このように、カントによれば、件の判断表は知性の論理的諸機能を余すところなく数え上げており、したがって、その判断表から、そうした論理的諸機能に対応する純粋知性概念ないしカテゴリーが、完璧に導かれることになる。

右の引用箇所で、「知性は先述の諸機能によって完璧に尽くされて〔いる〕」とカントは述べていた。だが、判断表の完全さの根拠は、先に見たように、「どう見ても完結し完成しているように見える」とカントが思っていることに尽きる。しかも、次章で論じるように、論理学史の観点からすれば、この判断表には、カントの恣意的選択が見え隠れし、判断の種類の選択にカント自身のなんらかの意図があったことは明らかである(18)。実際カントはこのことを気にかけ、「〔判断表の〕この区分は、いくつかの本質的ではない点において、論理学者の通常の流儀に外れているように見える(19)」として、弁明を試みている。

7　カントの循環

カントの判断表は、一見、伝統的論理学の完全さを基礎（論拠）としているかに見えながら、カント自身の言うように、「論理学者の通常の流儀に外れている」。カントがその外れた部分を「本質的ではない」と言ったからといって、それでそれが本質的ではない逸脱であることが保証されたわけではない。カントがその逸脱の妥当性を詳論することはなく、また、次章で論じるように、彼が判断形式から引き出す純粋知性概念は、一再ならず、不当な仕方で導出されていると言わざるをえないものであった。つまり、カントがカテゴリー表のよって立つところのものとした判断表の各項目の選択には、カント自身の意図が色濃く反映しているにもかかわらず、カントはその正当性を詳論せず、基本路線としては、単に完成した伝統に依拠しているかのようなふりをしているのである。

重要なのは、彼が「本質的ではない」とした逸脱部分である。この逸脱部分を見ることによって、われわれはカントが「必然性」や「明証必然性」を重視しながら、実は自身のある意図に沿って恣意的に論を進めたことを、不可避的に認めざるをえない。このことは、カントが自身の経験概念に合うように純粋知性概念を選択し、その根拠を「完結し完成しているように見える」伝統的論理学の判断区分に中立的な仕方で見いだしたかのようなふりをしながら、実は自分の純粋知性概念の選択に合うように、判断の種類を選択したことを意味する。しかも、判断の種類からカテゴリーを導き出すやり方は、ときに極めて強引な、不当なものであった。ということは、カントは、自身の経験概念を基に純粋知性概念を確定し、それが妥当なものであることを明らかにするはずの「演繹」で、自分の経験概念に照らしてそれが経験の可能性の条件たりうるかを問うという、ある種の悪しき「循環」を犯していることになる。そもそもカントの超越論的分析論の基本的な議論の筋は、このような循環構造の中で、それぞれの主張を、循環とは見せないような仕方で、一見建築ブロック説的・基礎づけ主義的な仕方で、「証明」してみせるというものである。カント自身の建築ブロック説的な公式的見解と、その営みの実際（循環）のこの乖離は、『純粋理性批判』読解において、無視することのできないものとなっている。

郵便はがき

恐縮ですが切手をお貼りください

112-0005

東京都文京区水道二丁目一番一号

勁草書房

愛読者カード係行

（弊社へのご意見・ご要望などお知らせください）

・本カードをお送りいただいた方に「総合図書目録」をお送りいたします。
・HP を開いております。ご利用ください。http://www.keisoshobo.co.jp
・裏面の「書籍注文書」を弊社刊行図書のご注文にご利用ください。ご指定の書店様に至急お送り致します。書店様から入荷のご連絡を差し上げますので、連絡先（ご住所・お電話番号）を明記してください。
・代金引換えの宅配便でお届けする方法もございます。代金は現品と引換えにお支払いください。送料は全国一律100円（ただし書籍代金の合計額（税込）が1,000円以上で無料）になります。別途手数料が一回のご注文につき一律200円かかります（2013 年 7 月改訂）。

愛読者カード

15456-2　C3010

本書名　カント批判

お名前《ふりがな》　　　　　　　　　　　　（　　　歳）

ご職業

ご住所　〒　　　　　　　　　　お電話（　　　）　－

本書を何でお知りになりましたか

書店店頭（　　　　　　書店）／新聞広告（　　　　　　新聞）

目録、書評、チラシ、HP、その他（　　　　　　　　　　）

本書についてご意見・ご感想をお聞かせください。なお、一部を HP をはじめ広告媒体に掲載させていただくことがございます。ご了承ください。

◇書籍注文書◇

最寄りご指定書店

市　　町（区）

書店

(書名)	¥	(　　)	部
(書名)	¥	(　　)	部
(書名)	¥	(　　)	部
(書名)	¥	(　　)	部

※ご記入いただいた個人情報につきましては、弊社からお客様へのご案内以外には使用いたしません。詳しくは弊社 HP のプライバシーポリシーをご覧ください。

では、カントは実際にどのような不当な議論を純粋知性概念について行ったのか。章を改めて、この件を考察する。

第5章　判断とカテゴリーの恣意的な扱い

――カントの隠れ自然主義

はじめに

カントは『純粋理性批判』において、われわれの思考の基本形式として一二の純粋知性概念すなわちカテゴリーを提示した。カントによれば、この純粋知性概念（カテゴリー）の選択は、単に思いつくがままになされたのではない。カントは、われわれの思考の基本形式は判断の基本形式に示されるとし、その判断の基本形式を次の表によって示した。

1 判断の量
全称判断
特称判断
単称判断

2 判断の質
肯定判断
否定判断
無限判断

3 判断の関係
定言判断
仮言判断
選言判断

4 判断の様相
蓋然判断

実然判断
明証必然判断(1)

前章で述べたように、カントはこの判断表が伝統的論理学の判断区分とは異なる部分を持つことを意識し、「この区分は、いくつかの本質的ではない点において、論理学者の通常の流儀に外れているように見える(2)」として説明を加えるものの、その違いはあくまで「本質的ではない」とする。つまり、彼は、人間の思考の基本的「機能」を純粋知性概念（カテゴリー）として取り出すとき、その機能を表しているのは右の判断表に現れる諸種の判断であり、その区分の根拠は基本的には論理学者の通常のやり方にあるとする。そして、「完結し完成しているように見える」伝統的論理学は、カテゴリー導出の確実な基盤とするに十分なものだというのが、カントの公式的見解である。こうした文脈の中で、カントは、その判断表に対応する形でカテゴリー表を提示する。それは、次のようなものであった。

1　量のカテゴリー
単一性
数多性
総体性

2　質のカテゴリー

3　関係のカテゴリー

実在性
否定
制限

内属性と自存性（実体と偶有性）
原因性と依存性（原因と結果）
相互性（作用するものと作用を受けるものとの間の相互作用）

4　様相のカテゴリー
可能性――不可能性
現実存在――非存在
必然性――偶然性[3]

知性の思考の基本パターンを判断において示すものとして判断表を提示し、そこから当の基本パターンとして純粋知性概念（カテゴリー）を引き出すというカントのこうしたやり方が妥当であるかどうかを確認するには、当然のことながら、㈠判断表における判断形式の選択が妥当であるかどうか、そして、㈡判断の区分から各々のカテゴリーを引き出すそのやり方が妥当であるかどうかを、検討しなければならない。そして、いくつかの点において、㈠、㈡のいずれにおいても、カントのやり方には重大な問題があることを、われわれは指摘せざるをえない。これを明らかにするのが、本章の目的である。

ところで、カントのカテゴリー表を見るときすぐさま気づかれるのは、「量」に関するものと「質」に関するものが、全カテゴリー（一二個）中の半分を占めるという点である。かつてアリストテレスが『カテゴリー論』の中でカテゴリーを挙げたとき、一〇のカテゴリー中「量」と「質」に関わるも

80 Elementarl. II. Th. I. Abth. I. Buch. I. Hauptst.

Categorien nennen, indem unsre Absicht uranfänglich mit der Seinigen zwar einerley ist, ob sie sich gleich davon in der Ausführung gar sehr entfernet.

Tafel der Categorien.

1.
Der
Quantität
Einheit
Vielheit
Allheit

2.
Der Qualität
Realität
Negation
Limitation

3.
Der Relation.
der Inhärenz und Subsistenz (substantia et accidens)
der Causalität und Dependenz (Ursache und Wirkung)
der Gemeinschaft (Wechselwirkung zwischen dem Handelnden und Leidenden).

4.
Der Modalität.
Möglichkeit — Unmöglichkeit
Daseyn — Nichtseyn
Nothwendigkeit — Zufälligkeit.

Dieses ist nun die Verzeichnung aller ursprünglich reinen Begriffe der Synthesis, die der Verstand a priori in sich enthält, und um deren willen er auch nur ein reiner Verstand ist; indem er durch sie allein etwas bey dem Mannigfaltigen der Anschauung verstehen, d. i. ein Obiect derselben denken kan. Diese Eintheilung ist systematisch aus einem gemeinschaftlichen Princip, nämlich dem

Ver=

カント『純粋理性批判』第１版（1781 年）80 ページ（A 80）のカテゴリー表

のはそれぞれ一つずつであり、合わせて全体の五分の一であった。このことからすれば、カントの場合にそれらが全体の半分を占めるというのは、一見して異常と言わざるをえない。

もちろん、本当の問題は、それらが占める割合ではない。「量のカテゴリー」と比較したとき、カントの「質のカテゴリー」の扱いには、基本的なところで大きな問題があることがわかる。そこで、以下ではまず、「判断の量」とそれに対応する「量のカテゴリー」、および「判断の質」とそれに対応する「質のカテゴリー」とを取り上げ、その問題点を明確にするよう試みる。

続けて、本章後半では、「判断の関係」と「関係のカテゴリー」を取り上げる。「判断の関係」に属する判断の種類がどのような意味で恣意的に選択されていたかを明らかにした上で、その恣意的選択の背景にカントが重視した自然科学の基本法則があったことを、ここでは確認する。

これらの作業を通じて、カントが経験とは関わりなく成立するはずであった形而上学の予備学を構築しようとする際に、自らが是とする自然科学的知見にどれほど依拠していたかが、明らかになるはずである。そして、これによって、カントが自らの公式的主張とは裏腹に、形而上学の予備学の名のもとに、事実上、自然科学ベースの「隠れ自然主義」的な営みを進めていたことが、理解されるであろう。

まずは、「判断の量」の確認から始める。

1　「判断の量」と「量のカテゴリー」

判断の量（Quantität）としてカントが挙げたのは、次の三つの判断形式であった。

全称判断（Allgemeine Urteile）
特称判断（Besondere Urteile）
単称判断（Einzelne Urteile）

カントは、判断表ではこの順番に判断の種類を挙げながら、カテゴリー表のそれらに対応する部分（量のカテゴリー）では、対応するカテゴリーの順番を逆にしている。今、判断の種類の順番を、対応するカテゴリーの順番に合わせて逆に挙げるなら、「単称判断」、「特称判断」、「全称判断」となる。これら三つは、伝統的論理学の「単称命題」（propositio singularis）、「特称命題」（propositio particularis）、「全称命題」（propositio universalis）に、それぞれ対応する。(4)

特定の一つの対象を表す言葉（例えば「ソクラテス」や「その人間」）を主語とする単称命題、主語に「ある」と「すべての」が付く特称命題と全称命題は、それぞれに、一つの対象、複数の対象、ある複数の対象の全部について、あることが成り立つこと（あるいは成り立たないこと）を言うもので、伝統的論理学では、これらの区別は、命題の基本的区別の一つであった。したがって、カントが「単称判断」、「特称判断」、「全称判断」から、「一つのもの」として対象を捉える「単一性」（Einheit）のカテゴリー、「複数のもの」として対象を捉える「数多性」（Vielheit）のカテゴリー、複数だがすべて同じ一つのあり方をしていると捉える「総体性」（Allheit）のカテゴリーを導出するのは、それなりの説得力を持つことではあった。

ただし、伝統的論理学では「単称命題」、「特称命題」、「全称命題」のほかに「無規定命題」（propositio indefinita）がしばしば取り上げられたが、カントがこれを無視していることは、注意しておく必要がある。例えば、中世の代表的な論理学の教科書であるペトルス・ヒスパーヌス（Petrus Hispanus Portugalensis, c. 1205–1277）の『論理学小全』（*Summule Logicales*）では、命題は、「量」（quantitas）の観点から、次のように分類されている。

> 定言命題のうち、あるものは全称命題（universalis）であり、あるものは特称命題（particularis）であり、あるものは無規定命題（indefinita）であり、あるものは単称命題（singularis）である。
>
> 全称命題は、「すべての人間は走る」（omnis homo currit）のように、全称記号によって規定された共通名辞を主語とする。〔……〕
>
> 特称命題は、「ある人間は走る」（aliquis homo currit）のように、特称記号によって規定された共通名辞を主語とする。〔……〕
>
> 無規定命題は、「人間は走る」（homo currit）のように、〔そうした〕記号を伴わない共通名辞を主語とする。
>
> 単称命題は、「ソクラテスは走る」（Sortes currit）や「その人間は走る」（iste homo currit）のように、単称名辞、もしくは〔単称〕指示代名詞〔＝単称指示形容詞〕を伴う共通名辞を主語とする。[5]

「無規定命題」というのは、主語が「人間」のような共通名辞で始まっていながら、「すべての」や「ある」のような言葉を伴わないもののことであるが、カントは理由を挙げないまま、これを無視している。カントが伝統的論理学における判断の区分を自身のカテゴリー表の正当性の根拠として重視していることからすれば、すでにこの点において、カントの根拠づけは伝統的論理学に単にそのまま従うというものではなく、（実際伝統的論理学において「無規定命題」が重視されないということはあるものの、）自身のある意図によって判断の種類を選択し、したがって、自身のある意図によってカテゴリーの選択を行っていることは否めない。

このように、カントによる、説明のない意図的選択の兆候がここにはすでにあるものの、問題がもっと明確になるのは、「判断の質」とそれに対応する「質のカテゴリー」においてである。「判断の量」およびそれに対応する「量のカテゴリー」の意味も、それとの比較においていっそう明瞭になる。

2　「判断の質」と「質のカテゴリー」

「判断の質」（Qualität）の項目のもとにカントが挙げているのは

肯定判断（Bejahende Urteile）
否定判断（Verneinende Urteile）
無限判断（Unendliche Urteile）

の三つである。

伝統的には、命題は「質」(qualitas)の観点から、「肯定命題」(propositio affirmativa)と「否定命題」(propositio negativa)の二つに分類されてきた。「である」と肯定するものと「でない」と否定するものの区別である。再びペトルス・ヒスパーヌスを例に挙げれば、彼はこの点について次のように言う。

定言命題のうち、あるものは肯定命題(affirmativa)であり、あるものは否定命題(negativa)である。肯定命題とは、「人間は走る」(homo currit)のように、主語について述語が肯定される命題である。否定命題とは、「人間は走らない」(homo non currit)のように、主語から述語が取り去られる命題である。(6)

カントの「肯定判断」と「否定判断」は、この「肯定命題」と「否定命題」の区別に対応する。そして、彼がこれらの判断の種類に対応するカテゴリーとして挙げたのが、「実在性」(Realität)と「否定」(Negation)であった。

「である」と肯定する判断のあり方から「実在性」というカテゴリーを導出し、「でない」と否定する判断のあり方から「否定」というカテゴリーを導出することについては、それだけであれば一見もっともなことと思われるかもしれない。しかし、それがそうでないことは、三つ目の「無限判断」

という判断の種類とそれに対応する「制限」というカテゴリーについて、カントがどのような扱いをするかを見ることにより、明らかとなる。

「無限判断」を、「肯定判断」、「否定判断」に並ぶものとして判断の質の区分に加えることには、カントの強い意図が働いている。もともと伝統的論理学においては、右のペトルス・ヒスパーヌスからの引用にもあるように、命題の質としては、「肯定」と「否定」の二つが挙がるのみであった。ただし、アリストテレス以来、この区別と関連するものとして、否定的な内容を持つ主語や述語が現れる命題が副次的に取り上げられ、「不確定言明」(enuntiatio infinita)や「不確定命題」(propositio infinita)や「不確定判断」(judicium infinitum)の名称のもとに論じられてはいた。[7]

否定的な内容を持つ述語が現れる不確定命題の例に、「犬がウサギを噛んでいない状態にある」(canis est non mordens leporem)がある。述語の「ウサギを噛んでいない状態に」によって、犬がウサギを噛んでいないということはわかるが、具体的にどうしているかは不確定であるから、全体として「不確定命題」と言われる。述語の内容は否定的であるが、命題としてはその否定的なあり方を肯定しているので、このタイプの不確定命題は、肯定命題の一種とされる。また、この例の場合、「ウサギを噛んでいない」ことはわかるものの、具体的にどうしているかについては、「無限の」可能性が考えられる。このことから、このタイプの命題に付された「不確定」(infinita)という形容詞は、「無限の」を意味すると(誤)解され、「無限判断」とみなされることになった。[8]

カントの時代、「不確定判断」や「無限判断」について論じる論理学書は少数派であった。[9]もともと、先に見たように、命題の質としては「肯定」と「否定」を区別するのが伝統的であったが、カントはこれらに加えて「無限判断」を挙げ、それを「肯定判断」、「否定判断」と並ぶ、一つの重要項目として扱った。この点において、「完結し完成しているように見える」と自身が言うところの伝統的論理学にカントが単に従ったわけではないということは、明らかである。

3　論理のすり替え

しかも、仮にカントが「肯定判断」、「否定判断」に加えて「無限判断」を挙げたことが妥当であったとしても、そこからカントが「実在性」、「否定」のカテゴリーはともかく、彼が言う意味での「制限」(Limitation) のカテゴリーを導出したことについては、われわれはその妥当性を大いに疑わなければならない。

まずは、『純粋理性批判』第一版が出版された頃にカントが行ったと推定される論理学講義の記録、『ウィーン論理学』を見てみよう。以下は、長い引用になるが、関係する箇所のすべてである。

判断は、その質 (qualitaet) に関しては、肯定判断、否定判断、無限判断 (unendliche Urtheile) に区分される。無限判断は肯定判断として使用することができると論理学者は言うが、それは別途注解すべき事柄である。実際のところ、それは形式において異なるものであり、まずはわれわれの知性の働きの違いに合わせて区分しなければならない。

〔……〕

質とは、〔二つの〕概念が互いに統一体をなす関係に立つ限りにおける、概念間の関係である。これに応じて判断は、私がある概念を他の概念と肯定的に組み合わせる場合には肯定判断へ、私がある概念を他の概念から切り離す場合には否定判断へ、ある概念を他の概念によって制限するなら無限判断へと区分される。例えば、「人間は死すべきものである」の場合、私は人間について、死すべきものであることを肯定し、あるいは、人間を、死すべきものの概念のもとに立つものと考える。「人間は死すべきものではない」の場合には、私は人間について、死すべきものであることを否定する。私が人間のことを考える場合、私は人間を、死すべきもののすべてとは異なるものと考える。例えば「魂は死すべきものではない」（Anima non est mortalis）が否定命題であるように。これに対して、「魂は死すべきものではないものである」（anima est non mortalis）は、無限命題（unendlicher Satz）である。——すべての肯定命題は、二つの概念の関係を表示する繋辞の「である」（est）によって、それらが肯定であることを表示する。繋辞の「である」（est）が端的に（simpliciter）現れる場合には、それは二つの概念の結合を意味する。——繋辞の「である」（est）が「ない」（non）の作用を受ける場合には、それは二つの概念の対立を意味し、一方の概念が他方の概念に属さないこと、あるいは他方の概念の領域に含まれないことを表示する。例えば、「魂は死すべきものではない」（anima non est mortalis）の場合、私は死すべきものが魂を含まないことを表している。しかし、私が「魂は死すべきものではないものである」（anima est non mortalis）と言う場合には、私は単に魂は死すべきものには含まれないと言っているだけでなく、魂が死すべきものではないもののすべてからなる領域に含まれるということをも言っているのである。したがって、この場合、なにか特別なことが言われている。つまり、私は単に一方の概念を他方の概念の領域から排除するだけでなく、その概念を、排除される概念に属さない残りの全領域のもとで考えている。実際私は、「不死である」（est immortalis）とは言っておらず、魂は死すべきものという概念の外に考えられるすべての概念一般のうちに数えることができると言っているのである。そして、本来、このことが、無限判断を形成する。——

したがって、肯定と否定は判断における質である。否定的な判断がみな否定判断というわけではなく、否定が繋辞に作用するような否定的判断が否定判断である。しかし、無限判断において起きるように、否定が繋辞に作用するのではなく述語に作用し、繋辞がまったく否定を伴わない否定的判断は、それゆえ肯定判断である。したがって、すべての無限判断は、否定が述語にのみ作用するので、肯定判断である。しかし、すべての無限判断が本来肯定判断の性格を持つにもかかわらず、そこには常に否定がある。その否定は確かに判断の否定すなわち〔二つの〕概念間の関係の否定ではなく、述語の否定である。

確かに、概念間の関係は肯定判断と同じだが、そこにはなお常に否定があり、したがって無限判断は肯定判断とは異なる。論理学においては、こうした事情は煩瑣で些末なことのように見える。しかし、形而上学においては、それは重要な事柄であり、看過するわけにはいかない。というのも、形而上学においては、実在性（realitaet）と否定（negation）と制限（limitation）の違いは、もっと重大なことだからである。もろもろの制限の事例においては、私はなにか肯定的なものを考えるが、それは単に肯定的なものであるだけでなく否定的なものでもあって、それは制限された肯定的なものである。――それらは「無限判断」(judicia infinita) と呼ばれる。なぜなら、それらには限界がない (unbegränzt) からである。それらは常に、そうではないものを言うだけであり、私はそうした述語に対して、数え切れないほど多くのものを考えることができる。というのも、主語について言うことのできる、「ない」(non) の作用を受けた述語の領域は、無限 (unendlich) だからである。[10]

ここでは、『純粋理性批判』の場合同様、判断は質の観点から、「肯定判断」、「否定判断」、「無限判断」の三つに区分されている。そして、カントが無限判断について、「この場合、〔……〕私は単に一方の概念を他方の概念の領域から排除するだけでなく、その概念を、排除される概念に属さない残りの全領域のもとで考えている」という限りにおいては、それはもっともである。あるものAについて、それが「Bではないもの」であると言われる場合、Aを、Bの概念の (外延の) 領域外にあるものとして、Bの概念の領域外の「全領域のもとで考えている」ことは確かである。

また、右の引用箇所の最後の段落に言うように、「もろもろの制限の事例においては、私はなにか肯定的なものを考えるが、それは単に肯定的なものであるだけでなく否定的なものでもあって、それは制限された肯定的なものである」という発言も、「制限された肯定的なもの」という言葉が、(私の先の言い方で)「Bではないもの」という仕方で制限されたものが「である」と肯定されているということを意味するのであれば、それはそのとおりである。しかし、右の引用箇所での「形而上学においては、実在性と否定と制限の違いは、もっと重大なことだからである」というカントの言葉が示唆しているように、彼がここでも、「無限判断」から「制限」というカテゴリーが導出されることを念頭に置いているとすれば、話は違ってくる。

のちに見るように、「制限」のカテゴリーにおいてカントが考えているのは、Bというあり方が、ある制限された仕方で肯定されているということである。したがって、もし「無限判断」において人は「制限された肯定的なもの」を考えているというカントの言葉が、あるあり方が制限された仕方で肯定されているというふうに解されることになるのであれば、それは論理のすり替えであると言わざるをえない。そして、実際カントが『純粋理性批判』で行ったのは、このすり替えであった。

『純粋理性批判』において、カントは、判断表を提示したあと、それについての二つ目のコメントとして、「無限判断」について次のように述べている。

> 同様に、無限判断 (unendliche Urteile) は、もっともなことながら、一般論理学においては肯定判断に数えられ、〔判断の〕区分の一項をなすことはないが、超越論的論理学においては、それは肯定判断とはなお区別されなければならない。すなわち、一般論理学は述語（それは否定的なものであるけれども）のすべての内容を捨象し、その述語が主語に添えられているか、主語と対立関係に置かれているかということだけに注意を払う。しかし、超越論的論理学は、無限判断を、ひたすら否定的な述語によるこの論理的肯定の、価値や内容の観点からも考察し、この論理的肯定が認識全体にとって何を獲得するかを考察する。私が魂について、それは死すべきものではないと言うとすれば、私は否定判断によって少なくとも一つの誤謬を防いだことになる。ところで、私は「魂は死

すべきものではないものである」(die Seele ist nichtsterblich) という命題によって、確かに論理形式からすれば間違いなく肯定している。なぜなら、私は魂を、死すべきものではないものの、制限のない（unbeschränkt）外延へと置くからである。ところで、ありうるものの全外延のうち、死すべきものは〔その〕一つの部分をなし、死すべきものではないものはその他の部分をなすのであるから、私が挙げた命題によって言われているのは、魂は、私が死すべきものをすべて取り去るときにあとに残る無限の（unendlich）数のものの一つであるということにほかならない。しかし、そのことによってなされるのは、死すべきものがあらゆる可能なものの無限の領域から引き離され、魂がその領域の外延内の残りの空間に置かれるように、あらゆる可能なものの無限の領域を制限する（beschränken）ことだけである。しかし、この空間は、この除外においても相変わらず無限のままであり、その空間のさらに多くの部分を除去しても、魂の概念はだからといって少しも増大するわけではなく、肯定的に規定されはしない。したがって、論理的外延に関して無限と言われるこの無限判断は、認識内容一般に関しては、間違いなく制限的でしかなく、その限りにおいて、無限判断は、判断における思考の要素をすべて表す超越論的〔判断〕表において、看過されてはならない。というのも、無限判断において行使される知性の機能は、おそらく知性のアプリオリな純粋認識の領野において、重要でありうるからである[11]。

確かに、カントが言うように、「魂は死すべきものではないものである」の場合、その判断によって、魂はありうるもののすべてから、「死すべきもの」を取り去った「残りの空間に置かれる」。そして、魂は死すべきものの領域外のものとされるが、その死すべきものの外の領域には先ほどの理屈によって無限のものが想定されるので、カントはその判断によって魂は「私が死すべきものをすべて取り去るときにあとに残る無限の数のものの一つである」と言うことになる。しかし、それは、主語に言われるもの（この場合は魂）が、可能なすべてのあり方のうちのあるあり方をしないという意味での「制限」を受ける（この場合には、魂は、「死すべきもの」の範囲から外されるという意味での「制限」を受ける）ものの、あるあり方を限られた仕方で（制限された仕方で）とるということが言われているわけではない（つまりこの場合には、魂がある「制限」された仕方で死すべきものというあり方をとることが言われているわけではない）。

ところが、カントが「原則の分析論」に進み、そこでこの「制限」のカテゴリーについて論じるところからすれば、カントが言う「制限」は、明らかに、あるあり方を制限された仕方でとるということを意味するものとして扱われている。つまり、「AはBではないものである」という判断は、Aがある制限された仕方でBというあり方をしていることを判断するものとして扱われるのである（ここで私は「ある制限された仕方で」という言い方をしているが、それは、一〇〇パーセントBではなく、ある限られた度合いにおいてBであるということを意味する）。この点を明らかにするため、「原則の分析論」におけるカントの議論に目を向けることにする。

4 「図式」論におけるカントの説明

カントは、先に引用した判断表についての二つ目のコメントの中で、「制限する」という言葉を確かに使っている。しかし、それは、「死すべきものがあらゆる可能なものの無限の領域から引き離され、魂がその領域の外延内の残りの空間に置かれるように、あらゆる可能なものの無限の領域を制限する（beschränken）ことだけである」と言われているように、Aのあり方を「Bではない」という仕方で制限することでしかなく、カントはそれ以上の説明を一切していない。ところが、超越論的図式を扱う「原則の分析論」第一章で「実在性」、「否定」、「制限」という三つのカテゴリーの「図式」を論じる段になると、議論は一挙に別方向に動く。彼は、次のように言う。

実在性とは、純粋知性概念においては、感覚一般に対応するもののことである。したがって、その概念自体そのものが、（時間における）存在を告知するもののことである。否定とは、その概念が（時間における）非存在を表すもののことである。したがって、両者の対立は、同じ時間が、満たされた時間か空虚な時間かという、時間の違いに現れる。時間は直観の形式にすぎず、したがって、現象としての対象の形式にすぎないので、現象において感覚に対応するものは、物自体（事物性、実在性）としてのすべての対象の、超越論的素材である。ところで、どの感覚も、一つの度合い（Grad）ないし量を持ち、それによって感覚は、同じ時間を、すなわち一つの対象の同じ表象に関して同じ内的感官を、それが無（＝0＝否定）に至って終わるまでのさまざまな程度に満たすことができる。したがって、実在性から否定への関係や連関、あるいはむしろ移行があり、その移行は、それぞれの実在性を量として表し、あるものが時間を満たしている限りにおけるそのあるものの量としての実在性の図式とは、時間における、実在性のこの連続的で一様な産出にほかならない。というのも、われわれは、時間の中で、ある度合いの感覚からその感覚の消滅まで下降するか、否定からその感覚の量に至るまで徐々に上昇するかのいずれかだからである[12]。

ここでは、「質のカテゴリー」についてのカントの議論は、もっぱら「感覚の度合い」の話に限定されてしまっている。しかも、ここには、「制限」という言葉は明示的には出てこないものの、「制限」のカテゴリーがある度合いの感覚を持つこととして扱われていることは、十分に見て取れる。実際カントは、一七八三年の『プロレゴーメナ』の中で、この件について、次のように述べている。

量（Größe）と質（Qualität）のカテゴリーにおいては、〔……〕単一性から総体性へと、あるいは、あるものから無へと、進んでいく（そのためには、質のカテゴリーは、実在性、制限［Einschränkung］、完全な否定という順序で並んでいる必要がある）〔……〕[13]。

こうしてカントは、「肯定判断」と「否定判断」に「無限判断」を加え、「無限判断」が持つ否定しつつ肯定するというあり方から、説明もなく「制限」というカテゴリーを導出する。そして、本来、あるあり方が否定されるという意味での「制限」であったはずのものを、その「あるあり方」を特に「感覚」に限定し[14]、ある感覚を制限された仕方で持つという意味で、そのカテゴリーを理解させようとするのである。

そもそも伝統的論理学で用いられた「量」(quantitas) と「質」(qualitas) という、命題（判断）を分類するための観点は、アリストテレスが挙げたカテゴリーのうちの二つ（「量」と「質」）を応用したもので、先述のように、「質」については、肯定か否定かというのがその基本であった。「である」と肯定するのであれば「肯定命題」（肯定判断）であり、「で（は）ない」と否定するのであれば「否定命題」（否定判断）であって、その肯定されるもの、否定されるものが、普通に言う量的なものとは区別された質的なものに限定されるというものではまったくなかった。「一メートル」という量的なあり方であろうと「白い」という質的なあり方であろうと、それを肯定して「一メートルである」とか「白い」とか言うのであれば肯定命題であり、それを否定して「一メートルではない」とか「白くない」とか言うのであれば否定命題であった。つまり、繰り返すが、伝統的な命題（判断）の「質」という観点は、単に肯定・否定を言うだけであって、扱われているものを「質」的なものに限定するものではけっしてないのである。

ところが、カントはこの「判断の質」から「質のカテゴリー」を導き、これをもっぱら彼の言う意味での「感覚」に関わるものとし、あとで説明するように、これを内包量に関するカテゴリーとするというきわめて異常な仕方で、その適用対象の限定を行う。

このような、判断の種類の意図的選択と、論理のすり替えと、話題の恣意的限定とを積み重ねて、カントは「肯定判断」、「否定判断」、「無限判断」から、ある性質を最大限に持つこと、これをまったく持たないこと、これをある限定された度合いにおいて持つこととして、「実在性」、「否定」、「制限」という三つのカテゴリーを、（一見難解ではあるがそこにはなにか深いものがあるのだろうと錯覚させるような仕方で）読者に強引に理解させようとする。

「質のカテゴリー」についての議論が、なんらかの感覚をどれだけ持つかに限定されていくという『純粋理性批判』に見られるこの議論の方向性は、「質のカテゴリー」を手がかりにそれらのカテゴリーの使用のための基本原理として引き出される「原則」（いわゆる「知覚の予想」）において、よりいっそう明瞭となる。そして、これを論じるには、「質のカテゴリー」と「知覚の予想」を、カントが量に関する判断の区分から引き出す「量のカテゴリー」、およびそれについての原則である「直観の公理」と、比較対照する必要がある。[15]

5 「直観の公理」

カントが「原則の分析論」においてカテゴリーの使用原則として論じた諸原則のうち、「量のカテゴリー」と「質のカテゴリー」に関わるものは、それぞれ、「直観の公理」（Axiomen der Anschauung）、「知覚の予想」（Antizipationen der Wahrnehmung）と呼ばれている。[16]

「直観の公理」と名づけられた原則は、『純粋理性批判』第一版では、

すべての現象は、その直観に関しては外延量である[17]

とされており、また、第二版では

すべての直観は、外延量である[18]

となっている。

歴史的経緯はのちほど説明することにして、カントは加えればいくらでも大きくなっていく量のことを「外延量」[19]（extensive Größe）と呼ぶ。そして、彼はこれを、「その中では諸部分の表象が全体の表象を可能にする[20]」と説明する。またカントは、「すべての現象はすでに集合体（Aggregat）〔……〕として直観される」と言う。

6　「直観」と「感覚」の区別

カントの言う「外延量」をよりよく理解するために、ここで先に確認しておかなければならないことがある。それは、彼が行った「直観」と「感覚」の区別である。

カントは、ロックやバークリらが「感覚」としたもの、つまりわれわれが感覚機能によって、見たり、触れて感じたりなどするもの（実際には、カントが問題にしているのは、多くの場合、視覚的感覚であると見なければならないが）を、「直観」と「感覚」とに分けている。この件について、カントは超越論的感性論（第一版）の中で、次のように言う。

主観的でありながら外的なにかに関わる、アプリオリに客観的と呼ぶことのできる表象は、空間のほかには存在しない。したがって、あらゆる外的現象のこの主観的条件は、ほかのいかなるものとも比較することができない。ワインの良い味は、ワインの、したがってある対象の、それも現象とみなされる対象の、客観的規定に属するのではなく、それを楽しむ主観の感官の特殊な性質に属する。色は、ある物体の直観に付随しているものの、その物体の性質ではなく、光によってある仕方で触発される視覚的感官の変様にすぎない。これに対して、空間は、外的対象の条件として、必然的に、外的対象の現象ないし直観に属する。味と色は、諸対象がそのもとでのみわれわれにとって感官の対象となりうる必然的条件ではない。それらはただ、特殊な有機体に偶然付与された結果として、現象と結合しているだけである。したがって、それらはまたアプリオリな表象ではなく、感覚に基づくものであり、良い味の場合にはさらに、感覚の結果としての感情（快と不快）にすら基づいている。また、われわれは、色の表象もなんらかの味の表象も、アプリオリに持つことはできない。しかし、空間は直観の純粋形式だけに関わり、それゆえにまた感覚（経験的なもの）を一切そのうちに含まず、もし形の概念や関係の概念が生じるべきであるなら、空間のあらゆる種類と規定がアプリオリにすら表象されえ、また表象されえなければならない。物がわれわれにとって外的対象であることは、それを通してのみ可能なのである。[21]

この第一版の記述では、直観と感覚の区別は、内容的には示されているのだが、表現としてはまだそれほど明確ではない。カントは「空間は、外的対象の条件として、必然的に、外的対象の現象ないし直観に属する」と言い、これに対して「味と色は、諸対象がそのもとでのみわれわれにとって感官の対象となりうる必然的条件ではない。それらはただ、特殊な有機体に偶然付与された結果として、現象と結合しているだけである。したがって、それらはまたアプリオリな表象ではなく、感覚に基づくものであり、良い味の場合にはさらに、感覚の結果としての感情（快と不快）にすら基づいている」と言う。ここでは、カントが考えている、空間と色や味との違いは歴然としているものの、空間は「直観」であるが味や色は「感覚」であるという明確な対比的表現にはなっていない。

しかし、同じ箇所の第二版での記述は、それとは異なっている。カントは次のように言う。

> 主観的でありながら外的なにかに関わる、アプリオリに客観的と呼ぶことのできる表象は、空間のほかにには存在しない。というのも、われわれは空間における直観以外のいかなる表象からも、アプリオリな総合命題を導出することはできないからである（第三項）。したがって、厳密に言えば、空間以外の表象は、例えば色や音や熱さの感覚によって視覚、聴覚、触覚といった感官のあり方の主観的性質にのみ属するという点では、空間の表象と一致するものの、それらの表象には観念性は帰属しない。色や音や熱さは、感覚にすぎず直観ではないのであるから、それ自体では客観を、少なくともアプリオリに認識させることはないのである(22)。

ここでは明確に、色や音や熱さが「感覚にすぎず直観ではない」と言われている。

第一版でも第二版でも、「主観的でありながら外的なにかに関わる、アプリオリに客観的と呼ぶことのできる表象は、空間のほかには存在しない」と、空間の表象がアプリオリであることが共通に言われている。しかも、第一版では、「われわれは、色の表象もなんらかの味の表象も、アプリオリに持つことはできない。しかし、空間は直観の純粋形式だけに関わり、それゆえにまた感覚（経験的なもの）を一切そのうちに含まず、もし形の概念や関係の概念が生じるべきであるなら、空間のあらゆる種類と規定がアプリオリにすら表象されえ、また表象されえなければならない」とカントは言い、色や味の表象がアプリオリでないのに対して、空間の表象がアプリオリであることを確認している。また、第二版では、色や音や熱さは「それ自体では客観を、少なくともアプリオリに認識させることはない」のに対して、「われわれは空間における直観以外のいかなる表象からも、アプリオリな総合命題を導出することはできない」として、空間における直観からアプリオリな総合命題が導出できることを明言している。

空間の表象と色や味などの感覚の区別は、遡って同じ超越論的感性論の序の部分でも、次のように説かれている。

感覚に属するものがそのうちに見いだされないすべての表象を、私は（超越論的な意味において）「純粋」と呼ぶ。したがって、感性的直観一般の純粋形式が、心の中にアプリオリに見いだされ、その純粋形式の中で、すべての現象の多様なものが、ある関係において直観される。感性のこの純粋形式はまた、それ自身「純粋直観」と呼ばれる。そのようなわけで、私が物体の表象から、実体、力、分割可能性など、知性が物体について考えるものを分離し、同様に、不可入性、硬さ、色など、物体のうち感覚に属するものを分離しても、この経験的直観からまだなにかが私に残される。すなわち、延長と形である。これらは純粋直観に属する。純粋直観は、アプリオリに、感官もしくは感覚の現実の対象がない場合でさえ、感性の単なる形式として心の中に生じる(23)。ここでは物体について具体的な例を挙げながら、知性が考えるものと、感覚に属するものと、純粋直観に属するものとが区別されている。カントによれば、不可入性、硬さ、色は、感覚であり、これに対して延長と形は、純粋直観に属する。先ほどの感覚と直観の区別が、このように先取りされているのである。

カントが行った感覚と直観の区別は、その具体例を見る限り、一部に齟齬はあるものの、その基本は当時支持を集めていた復活した原子論（粒子仮説ないしエピクロス主義）の基本的区別(24)、および、それと密接な関係にある、デカルトが物体の性質について行った区別(25)に沿っている。しかも、その区別は純粋幾何学についての自身の考えと組み合わされた形になっている。カントは、空間が直観の純粋形式であり、純粋幾何学はそれを基に成立すると考えている。すなわち、空間はわれわれの感性にアプリオリに備わっており、この空間に（産出的）想像力によって幾何学的概念を図形にして描く（「構成」する）ことによって、概念だけからでは導出できないアプリオリな総合判断としての幾何学的知識が得られると考える（この件については次章で立ち入る(26)）。直観から獲得されるこうした幾何学的公理は複数あり、しかもカントが「量のカテゴリー」に対応する「原則」として提示しようとしているものは、こうした直観に基づく複数の公理についての原則であることから、この原則そのものは「直観の公理」(ドイツ語では複数形の Axiomen der Anschauung) と呼ばれる。こうした経緯から、カントはここで、「感覚」とは区別された空間的「直観」について、それはまさしく幾何学が扱うような「外延量」にほかならないことを、「原則」として提示しているのである。

してみれば、なんのことはない。カントは、幾何学の成立根拠を、空間が部分を加えるといくらでも大きくなるような「外延量」であって、どの部分もすでに「集合体」(Aggregat) をなしているということに求め、そのことを「原則の分析論」で掲げるとともに、その原則が拠って立つ「量のカテゴリー」の更なる根拠を、「判断の量」に見られる、伝統的に承認されてきた判断の区分に求めているのである。

一つ、複数、複数だが同じ一つのあり方という、「単称」、「特称」、「全称」的な思考のあり方から、われわれの空間的直観は外延量であるという原則を導出することは、それだけなら、まださほどの問題は感じられないかもしれない。しかし、これが、「知覚の予想」に見られる「内包量」の捉え方との対比において見られるなら、カントの議論に対してわれわれは強い違和感を感じざるをえなくなる。

7 「知覚の予想」

カントが「知覚の予想」と名づけている、「質のカテゴリー」に対応する「原則」は、『純粋理性批判』第一版では

> すべての現象において、感覚、および、対象において感覚に対応する実在的なもの（現象的実在性）は、内包量（intensive Größe）すなわちある度合い（Grad）を持つ[27]

となっており、また、第二版では

> すべての現象において、実在的なもの、すなわち感覚の対象であるものは、内包量すなわちある度合いを持つ[28]

となっている。

「感覚」、「対象において感覚に対応する実在的なもの」、「実在的なものすなわち感覚の対象であるもの」と表現は微妙に異なっているが、問題が「感覚」であることは明らかである。要するに、われわれの感じる感覚は「内包量」すなわち「ある度合い」を持つ、と言うのである。先に「図式」論に言及しつつ見たように、カントは感覚を、完璧にそうであるか（実在性）、ある限られた度合いにおいてそうであるか（制限）、まったくそうでないか（否定）、という観点から見ていた。身近な例を挙げると、まったく白いか、ある限られた度合いにおいて白いか、まったく白くないか、という見方である。

これを「直観の公理」と合わせて考えてみると、「量のカテゴリー」は「外延量」についてのカテゴリーであって、それに対応する「直観の公理」においては、通常の意味におけるわれわれの感覚

（つまり、色や味といったものだけでなく形や大きさなども含めての感覚）のうち、形や大きさといった空間的性質は、加えれば増大するという「外延量」としての性質を持つことが言われている。これに対して、色や味などの、カントの言う（直観と区別された）感覚は、さまざまな度合いにおいて現れる「内包量」であるということが、「知覚の予想」において言われているのである。

もとより、先述のように、「判断の質」から導出された「質のカテゴリー」を、白さの感覚のようないわゆる「質」的なものにその適用範囲を限定する理由はなく、ここでのカントの議論は、あまりにも強引なもの（不当なもの）と言わざるをえない。だが、「量のカテゴリー」と対にしてみたとき、そこにはかえって、彼が公式的にそれらの基盤とするふりをした伝統的論理学の命題ないし判断の区分とはもともと関わりのない、「外延量」と「内包量」という二つのものを重視するカントの姿勢が、明確に姿を現してくる。

8　ロックと比較して

カントの「外延量」と「内包量」の区別をよりよく理解するため、先に進む前に、ここで、ロックに言及しておきたい。ロックの『人間知性論』（一六九〇年）には、カントの区別に対応するものが見られる。ロックは言う。

部分を有していると考えられ、どんな等しい、あるいはより小さい部分を加えても増大しうる観念は、みな、それを反復することによって、無限の観念をわれわれに与える。なぜなら、この限りない反復によって拡大が続き、それには終わりがありえないからである。しかし、他の観念の場合には、そうはならない。というのも、今私が持っている延長や持続の最大の観念にどれほど小さい部分を加えても増大が起こるのに、私が持っている最も白い白さの最も完全な観念に、別のさほど白くない白さ、あるいは同等の白さを〔……〕加えても、増大は起こらず、私の観念は少しも拡大しないからである。そのため、白さなどのさまざまに異なる観念は、〔その〕度合い（Degrees）と呼ばれる。というのも、部分からなる観念は、どれほど小さい部分を加えてもそのたびごとに増加しうるが、一片の雪が昨日あなたの視覚に生ぜしめた白の観念と、今日あなたが見るもう一片の雪からのもう一つの白の観念を取り上げて、それらをあなたが心の中で一緒にしても、それらはいわば合体して一つになり、白さの観念は少しも増大しない〔……〕からである。部分からなるのではない観念は、人の好むままに増加させたり、感官によって受け取ったものを越えて拡張したりすることはできない。(29)

趣旨は明らかであろう。例えば一センチの長さは、それを足していくと、どんどん長さが増大していくのに、白さはそれを足したからといって、いくらでも増大するわけではなく、同じ白さを二回足しても、二倍白くなるわけではない、というのである。

白さの場合、一〇〇パーセント白い、ある限られた度合いにおいて白い、まったく白くないということが、比較的簡単に言えそうである。しかし、カントが「内包量」と呼んでいる性質の中には、必ずしもこのように簡単には言えそうにないものの、足しても量が増えるわけではないという点では、白さと同様のあり方を示す性質がある。その一つが、温度（熱さ）である。

例えば、ある度合いの熱さの一リットルの湯を二カップ用意し、それらの湯を一緒にすると、量は二倍になる。したがって、湯の量は、「外延量」である。けれども、量が二倍になっても、熱さが二倍になるわけではなく、せいぜい、もとの熱さのままである。したがって、熱さは「内包量」である。

9　今日の自然科学においては

ロックがわかりやすい形で示していたこの区別は、今日でも自然科学でごく普通に使われている。今日の自然科学では、それを区別するために、「示量的特性」(extensive property)、「示強的特性」(intensive property) という言い方をしたり、「示量変数」(extensive variable)、「示強変数」(intensive variable) という言い方をしたりする。いずれにしても、extensive と intensive という表現が踏襲されている。

一例を挙げると、マイケル・J・モランらによる『工業熱力学の基礎』(二〇一一年) には、次のような説明がある。

熱力学の特性は、示量的特性と示強的特性という二つの種類に大きく分けることができる。ある特性の、システム全体の値が、そのシステムの諸部分の値の和であるとき、その特性を「示量的」と言う。のちほど導入する質量、容積、エネルギーなどの特性は、示量的である。示量的特性は、システムの大きさや範囲に依存する。〔……〕示強的特性は、先に考察した意味において、加算的ではない。その値はシステムの大きさや範囲に依存せず、どの瞬間においてもシステム内の場所毎に違っていてよい。したがって、示量的特性は時間とともに変化しうるだけであるが、示強的特性は位置と時間の両方の関数である場合がある。比容積〔……〕と圧力と温度が、重要な示強的特性である〔……〕。(30)

「示量的特性」の例として、質量を取り上げよう。質量の場合、各部分の質量を足すと全体の質量になる。容積もそうである。各部分の容積を足すと、全体の容積が決まる。ところが、圧力の場合には、各部分の圧力を足せば全体の圧力になるというわけではない。温度も同様で、建物の各部分の温度を測ってそれを足せば、建物全体の温度になるというわけではない。このように考えると、ロックが言い、カントが主張している区別の、とりわけ自然科学における重要性は、明らかであろう。

10　古代ギリシャ以来の伝統

このように、カントが挙げている「外延量」と「内包量」の区別は、今日でも自然科学において重視されているが、実のところ、この区別は、古代ギリシャにまで遡る非常に長い歴史を持つものであり、当然ながら、カントが言い出したものではない。

「どんな種類の」とか「どのような」を意味する疑問形容詞 ποῖος（ここでは単数の男性名詞に付く形を示しておく。以下同じ）から ποιότης（どんな種類のものであるかということ、どのようなものであるかということ、つまり「質」）という抽象名詞を作ったのはプラトンだとされている。(31) 同じように、「どれくらい多くの」を意味する πόσος という疑問形容詞から ποσότης（どれほど多くのものであるかということ、つまり「量」もしくは「大きさ」）という抽象名詞を作ったのはアリストテレスである。(32)

　アリストテレスは、『カテゴリー論』(*Κατηγορίαι*, *Categoriae*) 第四章で、われわれが語るときにどのような観点から語っているかについて、それを一〇に分類した。これが「カテゴリー」と呼ばれるものである。その中でアリストテレスは、量と質を挙げ、量の例としては「二ペーキュス」と「三ペーキュス」を、質の例としては「白い」と「読み書きができる」を挙げている。

　この「量」と「質」、ギリシャ語で言う ποσότης と ποιότης をラテン語に訳すための言葉を、キケロ (Marcus Tullius Cicero, 106–43 B. C.) がプラトンやアリストテレスのやり方に倣って考案する。彼はラテン語の「どれくらい多くの」を表す言葉 quantus から、quantitas という抽象名詞を作る。これが「量」を意味するラテン語である。同様に、「どんな種類の」とか「どのような」を意味する疑問形容詞 qualis から qualitas（どんな種類のものであるかということ、どのようなものであるかということ、つまり「質」）という言葉を作った。

　このキケロが作ったラテン語の「量」を意味する言葉に、extensiva や intensiva という形容詞が付されて、quantitas extensiva や quantitas intensiva という言葉が作られ、ヨーロッパ中世において、さまざまな人々がこれを用いることになった。これらは、カントの通常の訳語に合わせて訳すと、

「外延量」、「内包量」である。つまり、久しくヨーロッパの公用語であったラテン語の quantitas extensiva と quantitas intensiva が、差し当たっては、カントの言う「外延量」、「内包量」のルーツである。

しかし、ヨーロッパ文化においてしばしばそうであるように、量を二つの種類に区別する考え方の発端は、この場合にも、少なくともアリストテレスにまで遡る。アリストテレスは、『カテゴリー論』で量と質を別個のものとして区別していたが、同時に彼は、その書の第八章で、質について、次のように述べている。

どのようかということは、より多くということと、より少なくということを、受け入れる。というのも、あるものが他のものと比べてより多く、あるいはより少なく白いと語られ、また、あるものが他のものよりも多く正しいと語られるからである。また、同じものが〔そのあり方の〕増大を受け取る。[33]

「同じものが〔そのあり方の〕増大を受け取る」というのは、同じ一つのものであってもあるあり方をより大きな度合いで示すようになることがある、ということである。アリストテレスの『カテゴリー論』をギリシャ語からラテン語に翻訳したボエティウス（Anicius Manlius Severinus Boethius, c. 480–c. 525）は、ここで「増大」と訳したギリシャ語を、ラテン語で intentio と訳している。[34] これは、「引き延ばす」、「拡大する」、「増大させる」を意味する intendo の名詞形の一つで、さまざまな意味を持つが、ここでは「増大」、「増強」の意味で使われている。

このように、アリストテレスはもともと量と質を明確に区別する立場を示していたが、彼が質についてその度合いの違いに言及したため、質にもその意味で「量」（大きさ）があると考えられるようになった。いわゆる「量」が、広がりの量（広がりの大きさ）であるのに対して、「質」は、強さの量（強さの大きさ）を持ち、さまざまな「度合い」でそれを示すと考えられたのである。こうして、量と質の対立ではなく、量に二つの種類のものが考えられるようになる。

ヨーロッパ中世においては、この区別は、当時の公用語であったラテン語で、先述の quantitas extensiva と quantitas intensiva の区別として出てきたり、quantitas の代わりに magnitudo（大きさ）が使われて magnitudo extensiva, magnitudo intensiva と言われたり、また、他の形容詞が付く場合も少なくない。intensiva は、右に説明した意味における intentio の形容詞形と考えれば、現代科学で intensive を「示強（的）」と訳すのも、納得されるところであろう。extensiva のほうは、「広がりを持った」を意味する。

こうして長い歴史の中で培われてきたこの区別は、中世の代表的神学者であるトマス・アクィナス（Thomas Aquinas, c. 1225–1274）やヨハネス・ドゥンス・スコトゥス（Jonannes Duns Scotus, c. 1266–1308）などが、当然のように使用した。(35)

カントの時代にも、カントに限らず、さまざまな人々がこれに言及している。一例を挙げると、カントと交流があり、懸賞論文で彼と賞を競ったモーゼス・メンデルスゾーン（Moses Mendelssohn, 1729–1786）は、『パイドンもしくは魂の不死性について』（初版は一七六七年）の第三版（*Phaedon oder über die Unsterblichkeit der Seele*, 3. Auflage〔1769〕に付された補遺（Anhang）の中で、次のように述べている。

証明の他の部分は、更なる詳論を要した。物体の原子に曖昧な概念を帰する哲学者がおり、それらの曖昧な概念から、全体として明晰かつ判明な概念が生じると言う。この場合、これが不可能であること、そして、少なくともこれらの原子の一つが、一人の人間そのものの場合と同じように、明晰で、真正で、活力のある等々の概念を持たなければならないことが、証明されなければならなかった。私はそのために、プルーケ氏が見事に詳論した命題、すなわち、より小さな度合い（Grad）をいくら合わせても、より大きな度合いになることはないという命題を用いた。つまり、集合体の大きさ（Größe der Menge）（quantitas extensiva）というものがある。それは、ある集合体の構成要素をなす諸部分の総量のことである。それとともに、力の大きさ（Größe der Kraft）（quantitas intensiva）というものがある。これはまた「度合い」（Grad）とも呼ばれる。いくつかの部分が付加されたとき、第一の種類の大きさは増大する。しかし、度合い〔が増大するに〕は内的強化を必要とし、より大きな拡大は必要ではない。ぬるま湯にぬるま湯を注ぐと、湯の総量は増大するが、温かさの度合いは増大しない。等しい速度で運動する複数の物体が結合すると、総量は増大するが、速度は増大しない。どの部分の度合いも全体の度合いと同じであり、したがって、諸部分の総量は度合いを変化させない。諸部分の総量が度合いを変化させるためには、集合体の諸作用を一点に集中しなければならない。というのも、その場合には、延長〔広がり〕が減少するに応じて、

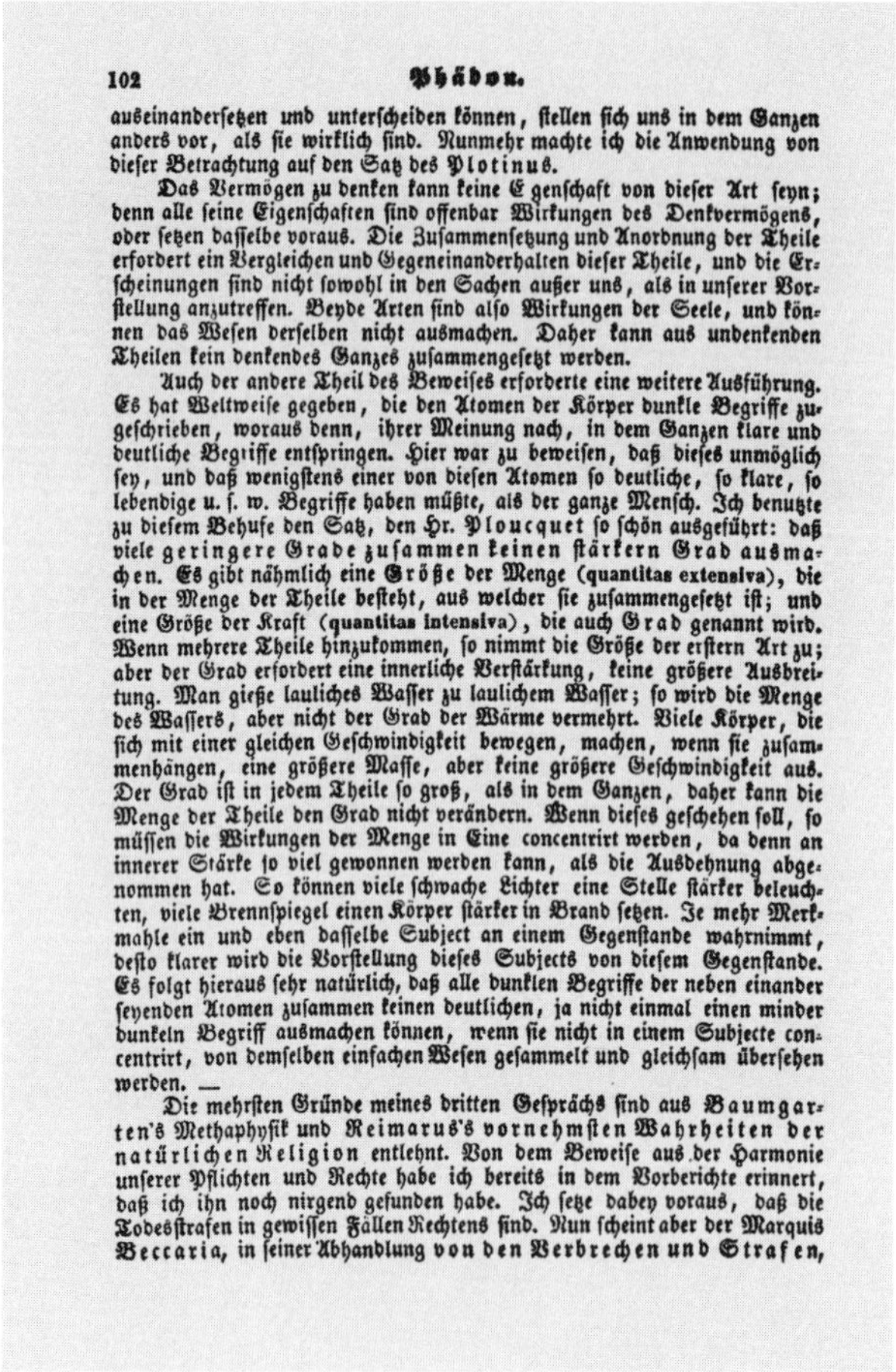

102 Phädon.

auseinandersetzen und unterscheiden können, stellen sich uns in dem Ganzen anders vor, als sie wirklich sind. Nunmehr machte ich die Anwendung von dieser Betrachtung auf den Satz des Plotinus.

Das Vermögen zu denken kann keine E genschaft von dieser Art seyn; denn alle seine Eigenschaften sind offenbar Wirkungen des Denkvermögens, oder setzen dasselbe voraus. Die Zusammensetzung und Anordnung der Theile erfordert ein Vergleichen und Gegeneinanderhalten dieser Theile, und die Erscheinungen sind nicht sowohl in den Sachen außer uns, als in unserer Vorstellung anzutreffen. Beyde Arten sind also Wirkungen der Seele, und können das Wesen derselben nicht ausmachen. Daher kann aus undenkenden Theilen kein denkendes Ganzes zusammengesetzt werden.

Auch der andere Theil des Beweises erforderte eine weitere Ausführung. Es hat Weltweise gegeben, die den Atomen der Körper dunkle Begriffe zugeschrieben, woraus denn, ihrer Meinung nach, in dem Ganzen klare und deutliche Begriffe entspringen. Hier war zu beweisen, daß dieses unmöglich sey, und daß wenigstens einer von diesen Atomen so deutliche, so klare, so lebendige u. s. w. Begriffe haben müßte, als der ganze Mensch. Ich benutzte zu diesem Behufe den Satz, den Hr. Ploucquet so schön ausgeführt: daß viele geringere Grade zusammen keinen stärkern Grad ausmachen. Es gibt nähmlich eine Größe der Menge (quantitas extensiva), die in der Menge der Theile besteht, aus welcher sie zusammengesetzt ist; und eine Größe der Kraft (quantitas intensiva), die auch Grad genannt wird. Wenn mehrere Theile hinzukommen, so nimmt die Größe der erstern Art zu; aber der Grad erfordert eine innerliche Verstärkung, keine größere Ausbreitung. Man gieße lauliches Wasser zu laulichem Wasser; so wird die Menge des Wassers, aber nicht der Grad der Wärme vermehrt. Viele Körper, die sich mit einer gleichen Geschwindigkeit bewegen, machen, wenn sie zusammenhängen, eine größere Masse, aber keine größere Geschwindigkeit aus. Der Grad ist in jedem Theile so groß, als in dem Ganzen, daher kann die Menge der Theile den Grad nicht verändern. Wenn dieses geschehen soll, so müssen die Wirkungen der Menge in Eine concentrirt werden, da denn an innerer Stärke so viel gewonnen werden kann, als die Ausdehnung abgenommen hat. So können viele schwache Lichter eine Stelle stärker beleuchten, viele Brennspiegel einen Körper stärker in Brand setzen. Je mehr Merkmahle ein und eben dasselbe Subject an einem Gegenstande wahrnimmt, desto klarer wird die Vorstellung dieses Subjects von diesem Gegenstande. Es folgt hieraus sehr natürlich, daß alle dunklen Begriffe der neben einander seyenden Atomen zusammen keinen deutlichen, ja nicht einmal einen minder dunkeln Begriff ausmachen können, wenn sie nicht in einem Subjecte concentrirt, von demselben einfachen Wesen gesammelt und gleichsam übersehen werden. —

Die mehrsten Gründe meines dritten Gesprächs sind aus Baumgarten's Methaphysik und Reimarus's vornehmsten Wahrheiten der natürlichen Religion entlehnt. Von dem Beweise aus der Harmonie unserer Pflichten und Rechte habe ich bereits in dem Vorberichte erinnert, daß ich ihn noch nirgend gefunden habe. Ich setze dabey voraus, daß die Todesstrafen in gewissen Fällen Rechtens sind. Nun scheint aber der Marquis Beccaria, in seiner Abhandlung von den Verbrechen und Strafen,

メンデルスゾーン『パイドンもしくは魂の不死性について』（*Moses Mendelssohn's sämmtliche Werke: Ausgabe in Einem Bande als National-Denkmal* [Wien: Michael Schmidl's sel. Witwe und Ignaz Klang, 1838], p. 102）　ページの中ほどに quantitas extensiva と quantitas intensiva が括弧書きで出てくる。

内的な強度が増大するからである。例えば、弱い光も、いくつかがともに一つの場所を照らせば、そこをより強く照らすことができ、複数の凹面鏡〔火鏡〕で一つの物体を照射すれば、より強力にその物体を燃焼させることができる。一つの同じ主観がある対象においてより多くの徴表を知覚すればするほど、この主観が持つこの対象の表象は、それだけ明晰になる。ここから当然ながら、並存する原子の曖昧な概念がすべて合わさっても、もしそれらが一つの主観の中で集中され、まさしく同一の単純な存在について蓄積されいわば見渡されるのでなければ、それらが判明な概念に、それどころか、曖昧さのより少ない概念になることすら、けっしてありえないということが、帰結する。[36]

メンデルスゾーンはこの箇所で外延量と内包量そのものを主題としているわけではなく、原子の曖昧な概念をいくら積み上げても明晰な概念にはなりえないことを論じるために、それらの区別を引き合いに出している。彼は「集合体の大きさ」と「力の大きさ」という言い方で外延量と内包量の違いを表現し、また、伝統的なラテン語の表現である quantitas extensiva と quantitas intensiva を括弧書きで用いている。

11　伝統的論理学の視点の不当な使用

このように、「外延量」を幾何学が扱うべき空間的「直観」のあり方とし、他方「内包量」を「感覚」のあり方としたカントの考えは、古代ギリシャ以来の長い歴史を持つものであり、とりわけ近世以降、「外延量」と「内包量」の区別は、自然科学の分野で重視されることとなった。カント自身、外延量と内包量の区別を自然科学の重要な区別の一つと考えていたことは確かで、彼は一七八六年の『自然科学の形而上学的基礎』の中でこの件に言及しながら、速度が内包量であり外延量とは区別して扱われなければならないことを論じている(37)。

注意しなければならないのは、先述のように、カントが一二個の純粋知性概念（カテゴリー）のうちの半分を使って、直観が外延量を持ち感覚が内包量を持つことを示そうとした点である。

カテゴリーの半分が外延量と内包量に関わるという事態が生じたのは、彼が自らの提示する一二のカテゴリーを、伝統的論理学における命題の区別（カントの場合には「判断」の区別）に依拠するものとしようとしたからである。彼は、「量のカテゴリー」は判断を「量」の観点から区別した場合の「単称判断」、「特称判断」、「全称判断」に根拠を持つとし、また「質のカテゴリー」は判断を「質」の観点から区別した場合の「肯定判断」、「否定判断」、「無限判断」に根拠を持つとした。こうした措置により、アリストテレスの場合、『カテゴリー論』では一〇個のカテゴリーが挙げられ、量と質はそのうちの二つ、つまり、細かい議論を抜きにすれば形式上は全体の五分の一を占めるに留まっていたものが、カントの場合には一二個のカテゴリーのうちの六個、つまり二分の一を占めることになる。

だが、本質的な問題は、「量のカテゴリー」はともかく、カントが「質のカテゴリー」を「判断の質」の区別から引き出し、しかもそれを不当な仕方でもっぱら感覚に関わるもの（内包量に関わるもの）としたことにある。

カントにおけるこの「判断の質」から「質のカテゴリー」へ、さらには内包量に関する原則としての「知覚の予想」へという進行が見せる異常さは、伝統的論理学の歴史を知る者には一目瞭然である。カントとしては、彼が数学を含めた自然科学の重要な区別（ないし視点）である「外延量」と「内包量」を、純粋知性概念として固定し、その根拠を伝統的な判断の区分に求めたかったのであろうが、その結果は、実に奇妙な――あまりに強引な――不当な仕方で、伝統的論理学の視点を歪めて使用する（悪用する）ものであった。

だが、その悪用は、かえって、「外延量」と「内包量」という、当時自然科学の重要概念となっていたものに、カントがどれほど重きを置いていたかを示すものでもある。つまり、カントは『純粋理性批判』で、自然科学をも基礎づける真正な形而上学（純粋哲学）の準備をしようとしたにもかかわらず、その議論はしばしば彼が是とする自然科学的知見に牽引されており、彼が是とする自然科学的原理や自然科学的観点を、かなり強引な仕方で（一見科学とは独立だと勘違いしそうな、だが実際はそうではない議論によって）基礎づけたふりをするものでしかなかった。のちの人々の言い方からすれば、これは、カントの意に反して、科学を基礎づけるのに科学に依拠する、「自然主義」的営みの一つでしかなかったのである。

カント『自然科学の形而上学的基礎』初版（1786年）の扉

12 「判断の関係」と「関係のカテゴリー」

カントの「超越論的分析論」の議論のこうした「隠れ自然主義」的性格は、カテゴリーの三つ目のグループである「関係のカテゴリー」と、それに対応する「判断の関係」を見ることによって、なおいっそう明確になる。

「判断の関係」においては、「定言判断」とともに、(カントの言う)「仮言判断」と、「選言判断」が、三つの項として取り上げられる。ここでは、伝統的に論じられてきた「連言判断」等は無視されているばかりか、「選言判断」についても、取り上げられるのはいわゆる「排他的選言判断」のみで、「非排他的選言判断」は無視されている[38]。

しかも、「定言判断」から「実体と偶有性」のカテゴリーが導出されるのはともかくとして、そこからさらに

> すべての現象は、対象そのものとしての持続的なもの(実体)と、その単なる規定すなわち対象のあり方としての変化しうるものとを含む。(第一版)[39]
>
> 現象のすべての変化に際して、実体は持続し、その量は自然の中では増えることも減ることもない。(第二版)[40]

という、「第一の類推」と称される原則が導かれる。つまり、実体の量は不変であるという原則が、もとをただせば「AはBである（ではない）」というタイプの「定言判断」から導かれることになるのである。

「定言判断」の形式から実体の量の不変性を導くことの強引さについては、ここでは立ち入らないが、[41]「判断の関係」の三つ目、「選言判断」（排他的選言判断）から「相互性（作用するものと作用を受けるものとの間の相互作用）」という純粋知性概念を引き出すことについては、その強引さはさらに際立っている。

排他的選言判断は、世界は偶然によって存在するか、内的必然性によって存在するか、外的原因によって存在するかであるというカントの例が示すように、[42] ある事柄について、ありうべき可能性を選言的に列挙するものである。ところがカントは、これと実体の相互作用の考え方が「似ている」(ähnlich)[43] として、そこから右の「相互性」(Gemeinschaft) という純粋知性概念を導出する。カントの言う「選言判断」は、ある事柄についての排他的な可能性のすべてを「または」でつないで列挙するタイプのものである。したがって、そこでは、なにかが他のものに働きかけたり他のものから働きかけられたりすることは意味されていない。ところが、カントは、その選言判断から、「作用するものと作用を受けるものとの間の相互作用」と言い換えられるカテゴリーを導出する。これは論理的飛躍以外のなにものでもない。

カント自身も、『純粋理性批判』第二版に付加された「第三の注解」において、「相互性のカテゴリー〔……〕については、論理的機能の表〔＝判断表〕においてそれに対応している選言判断の形式との一致は、他のカテゴリーの場合のようには明確でない(44)」と、なにかしら問題があることを認めてはいる。けれども、その注解で、カントは、次のように強引に話を進めてしまう。

まず、排他的選言判断では、領域の各部分が同格的であるとともに、その各部分は、「選言肢の一つが措定されれば、他のすべての選言肢が排除され、他のすべての選言肢が排除されれば、残りの一つの選言肢が措定される」という仕方で、「相互に限定し合う(45)」とする。ここまでは、排他的選言判断の特徴を述べたまでのことである。

ところが、そこから話題は突然「判断」から「物」に移る。「ところで、似たような結合は物の全体においても考えられる(46)」とカントは話を切り出し、次のように続ける。

> というのも、結果としてのあるものが、それが存在するための原因としての他のものに従属するのではなく、他のものを限定するという点では同時かつ相互に原因として並存するからである(47)。

ここでは、物どうしが互いに働き合い、「同時かつ相互に原因として並存する」という、物どうしの相互作用が言われていて、ある事柄についての排他的可能性とはまったく異なる話になっている。しかし、カントは、知性が物の全体を右のように捉えているときの思考法は、「選言判断」を扱っているときの思考法と「似ている」とし、知性が、選言判断において、各選言肢を、互いに排除するものでありながら一つの領域をなすものとして結びつけるのと同じように、「知性は物の諸部分を、その各々が（実体として）他の部分から排除されても存在するが、一つの全体をなすよう結びつけられたものとして表象する[48]」と説明する。しかし、このような論の進め方がどれほど強引なものであるかは、言をまたないであろう。後者はまさしく力学的な相互作用の話であって、ある事柄にどのような排他的可能性がありうるかの話ではないのである。

実際、カントは、先の「第一の類推」の場合と同じように、そこからさらに次のような原則（第三の類推）を導く。

> すべての実体は、それらが同時に存在する限り、一貫して相互性のうちに（つまり、互いの間の相互作用のうちに）ある。（第一版[49]）
>
> すべての実体は、それらが空間の中で、同時的なものとして知覚されうる限り、一貫して相互作用のうちにある。（第二版[50]）

つまり、ある事柄についてのありうべき可能性を選言的に列挙する「排他的選言判断」（「AはBかCか（Dか……）のいずれかである」）から、最終的には「実体の相互作用」についての原則が引き出されることになるのである。ここにも、伝統的論理学の成果の不当な使用例（論点のすり替え）が明らかに認められる[51]。

13　原則と自然科学の原理の深い関係

カントが、超越論的分析論の議論の最終的な拠り所を伝統的論理学の完成された形に求めるかに見えながら、実はそれに対して恣意的な使い方をしていたということは、自身の議論の妥当性の試金石ないし判断基準として、伝統的論理学の完成度よりもさらに優先すべきものがあったことを示している。それが最も明瞭に現れるのは、「判断の関係」から導かれる三つのカテゴリーに対応する形でそれらから導き出される三つの原則（「第一の類推」、「第二の類推」、「第三の類推」）が、カントの言う力学の三法則とぴったりと対応するという事実においてである。

すでに別の機会に論じたことであるが[52]、今、「力学の法則」についてはカントの『自然科学の形而上学的基礎』の定式を取り上げ、「原則」のほうは『純粋理性批判』第二版の定式を取り上げるとすれば、両者の関係は次のようになっている。

まず、「第一法則」から。

力学の第一法則（Erstes Gesetz der Mechanik）　物体的自然のすべての変化に際して、物質の量は全体として同一にとどまり、増えることも減ることもない[53]。

これはいわゆる「質量保存の法則」である。そして、これに対応する「第一の類推」の原則は、次のようなものであった。

現象のすべての変化に際して、実体は持続し、その量は自然の中では増えることも減ることもない。[54]

両者は明らかに、ほぼ同じ内容である。異なるのは、「第一の類推」の原則では「実体」が話題となっているのに対して、「力学の第一法則」では「物質」が話題になっている点である。両者の関係については、「力学の第一法則」の「証明」の冒頭で、カント自身、次のように説明している。

一般形而上学を基に、自然のすべての変化に際していずれの実体も生成消滅しないという命題（原理）が基礎に置かれる。ここではただ、物質においては何が実体であるかが明確にされるにすぎない。[55]

つまり、「第一の類推」の原則は一般形而上学に属するものであり、「力学の第一法則」は、この原則における「実体」が、「物質」として捉えられた場合の、その表現形態とされているのである。

第二法則は、次のとおりである。

力学の第二法則（Zweites Gesetz der Mechanik）　物質のすべての変化は外的原因を有する。（いずれの物体も、外的原因によってその状態を変えるよう強制されないなら、静止状態もしくは同一方向、同一の速さの運動状態を保つ。[56]

これはいわゆる「慣性の法則」である。そして、これに対応する「第二の類推」の原則は、次のようなものであった。

すべての変化は原因と結果の結合の法則に従って生起する。[57]

これらの関係についても、カントは「力学の第二法則」の「証明」の冒頭で、次のように述べている。

一般形而上学を基に、すべての変化は原因を有するという命題〔原理〕が基礎に置かれる。ここでは、物質について、その変化は常に外的原因を持たなければならないということだけが証明される。[58]

ここでも、先の場合同様、「第二の類推」の原則が物質に適用された形となっている。
最後に、「力学の第三法則」である。

力学の第三法則（Drittes mechanisches Gesetz）　運動のすべての伝達において、作用と反作用は常に等しい。[59]

これは、「作用・反作用の法則」である。これに対応する「第三の類推」の原則は、次のようなものであった。

> すべての実体は、それらが空間の中で、同時的なものとして知覚されうる限り、一貫して相互作用のうちにある。[60]

原則のほうでは実体間の相互作用が言われている。これに対して、「力学の第三法則」では、運動伝達の作用・反作用の等しさが言われている。これについても、カントは「力学の第三法則」の「証明」の冒頭で、次のように述べている。

> 〔ここに言う力学の第三法則は〕世界におけるすべての外的作用は相互作用であるという命題〔原理〕を、一般形而上学から借りてこなければならない。ここでは、力学の範囲内に留まるため、この相互作用が同時に反作用であることだけが示されるはずである。[61]

ここでも、原則が基盤となって、そこから「作用・反作用の法則」が導かれるという方向に話は進んでいる。

14　カントの隠れ自然主義再説

先にわれわれは、関係のカテゴリーのうちの二つについて、カントが不当な議論をしていることに触れた。そこまでして彼が目指したのは、力学の三つの法則（「質量保存の法則」、「慣性の法則」、「作用・反作用の法則」）が、判断表から始まる一連の議論によって証明される三つの形而上学的原則（「第一の類推」、「第二の類推」、「第三の類推」）から導かれることを示すことであった。カントはそれらの法則を、形而上学的原則の適用事例であり、それら自身「アプリオリな総合判断」の事例であると見る。しかし、カントには悪いが、そのことについては、二つの異論を提示しなければならない。

まず、「質量保存の法則」や「慣性の法則」や「作用・反作用の法則」が、経験によらずに導かれる「アプリオリな総合判断」だと言うカントに、ロックの生得原理否定論のロジックを転用して、「もしそのような言い方が通用するなら、強く支持される各時代の自然科学の法則はみな経験によらない「アプリオリな総合判断」だということになるが、それでいいのか」と尋ねてみよう。そこで、彼がどう答えるかである。自分が強く支持している三法則は特別だと言う論拠をカントが（循環なしに）提示できるとは私には到底思えないし、もしそれを強弁するのであれば、そもそもそんな強弁が通る哲学などなくていいという気がする（もちろん、哲学がなくていいわけではけっしてない。あくまでも反語である）。

もう一つの異論は、「結局あなたは自分がこれだと思っている自然法則、あるいはそれを含む自身の「経験」概念を、あれこれ手を尽くして、必然的なものと思わせようとしているだけではないのか」というものである。カントの言わば「最後の言葉」（ローティの言う ultimate vocabulary, final vocabulary）は、「経験の可能性の条件」である。だが、当の経験概念は、彼が空間・時間を純粋な直観形式として提示し、一二個の純粋知性概念を表にして示すこと等々によって、次第にその内実が明らかになっていくものであった。そして、その内実を明らかにするきわめつけは、純粋知性概念かららさらに導出される原則と、彼が承認した自然法則との表裏の関係であった。彼が依拠したかにみえる伝統的論理学の判断の区分の妥当性について、カントがどれほどのことを明らかにしえたのか、また、その区分に対して彼自身どの程度忠実であったのか。これらの問いに対しては、個々の事柄を見る限り、否定的な答えしかありそうにない。そして、他方、彼の議論の、外延量／内包量の区別や自然法則との密接な関係からすれば、結局カントは、自身のある強い自然科学的信念を絶対化しようとしたにすぎないという印象が残るのみである。

カントはロック流の自然主義的営みを、「人間知性の自然学」と揶揄し、「必然性を教えない」経験のアプリオリな条件を、明証必然的な形で明らかにしようとした。しかし、結局のところ、彼は、自分が信じる自然科学的知見を含む経験のありようをひたすら最後の拠り所とし、それを確固たるものとして支えるための、ある信念のシステムを紡ぎ出したとしか言えそうにない。これはまさしく、カント自身が表立って忌避した、科学を説明・解明するのに科学をもってするという意味での「自然主義」を、非常に手の込んだ反自然主義的仮面のもとに遂行したものとしか言いようがないような事態である。

15　カントの循環再説――何のための「演繹」か？

カントは、ヒュームが因果関係の観念の基になる印象を経験のうちに見いだせないということからショックを受け、経験に最後の解を求めるヒュームでは解決にならないとして、因果関係を含む一二の基本概念を、知性にアプリオリにその萌芽ないし素質が備わっている純粋知性概念であるとした。そして、それらの純粋知性概念に内実的に対応するものが直観に直接的には認められないことから、純粋知性概念を直観に適用することの妥当性を明らかにすべく、「超越論的演繹」を、きわめて重要な試みとして超越論的分析論の中で遂行しようとした。

だが、彼の演繹は、経験が成り立つためには純粋知性概念の適用が不可欠であることを示すものであったにもかかわらず、彼の言う経験は、彼がそのようなものであると信じる経験であり、そこでは、一二個の基本概念は当然適用されていなければならないようなものであった。

純粋知性概念の導出が、彼の経験概念とはまったく独立になされており、また、彼の経験概念の妥当性が、なんらかの仕方で別途保証されているのであれば、その経験概念に照らして純粋知性概念の適用が経験にとって不可欠だという論を構築することは、それなりに可能であったかもしれない。しかし、純粋知性概念の導出自体が、伝統的論理学の完成度よりも優位に立つ、自分の経験概念に照らしてのものであったことからすれば、これまた自分の信じる「経験」に照らす形でその純粋知性概念の妥当性を論じても、これでは自分の経験理解の中で、循環的な議論を進めているにすぎない（カントの才能は多々あるものの、少し皮肉な言い方をしてよければ、その一つは、一見それを循環に見せないところにある）。その意味で、カントが、ヒュームの心像論の立場に反論することもなく、関係観念（関係概念）の特殊性に思いを致すこともなく、ヒュームからショックを受け、胚芽生得説（もしくは素質生得説）なら必然性が守れると信じ、自身の経験概念の掌の上で自身が強く信じるものの絶対的妥当性を「証明」してみせようとしたことに対して、われわれはもっと鋭敏に自らの批判精神を働かせるべきだと私は思う。

私は、「カントはある種の仮説を立ててわれわれがその都度ある種のアプリオリ（歴史的アプリオリ）を持っていることを示したにすぎない」という解釈には賛成できない。それならどうしてあのように、「ねばならない」や「必然的」や「明証必然的」をカントは連発したのか。それを連発する者の言に対して、一つの仮説的試みをなそうとしたと解釈すべきであると言うのなら、人間みなそういう試みをしてきたのだと言うしかないではないか。「まえがき」に記したように、私はカントの例えば「人を同時に目的として扱え」という主張は、人間の歴史的知恵を代弁したものとして、心からそれに賛同する。しかし、「ねばならない」や「必然的」や「明証必然的」を連発して人間を縛ろうとする彼の嗜好に、私は心から反対する。

第6章　空間の観念化とその代償

――議論の浅さとその不整合の意味するもの

はじめに

カントが空間を物自体のあり方ではなく、感性的直観の純粋形式として心の中に位置づけ内在化したことは、一二のカテゴリーのアプリオリ化とともに、カントのコペルニクス的転回の重要な要素をなす。カテゴリーの抽出とそのアプリオリ化が妥当なものであったかどうかは、これまでの諸章で論じたとおりである。それは、（もしカントが『プロレゴーメナ』で言うとおりであったとすれば、）ヒュームの見解の過大評価による一連の過剰反応であったと見られる。今遡って「超越論的感性論」の「空間について」の議論を見るとき、そこでもまたわれわれは、カントの議論の脆弱性や論理的飛躍を指摘せざるをえない。カントは空間の内在化・アプリオリ化、あるいはある種の生得化によって、純粋数学の可能性を確保しようとした。この試みは、科学史の観点からすれば、西洋の近世以降に行われた一連の試みの一つとして重要性を持つ。しかし、彼が純粋数学、とりわけ幾何学の可能性を保持しようとして試みた空間の内在化に向けての議論は、彼が『純粋理性批判』の諸議論に求めた「明証必然的確実性」を持つとは到底言えないものであった。

だが、カントの空間論は、そうしたそれ自体としての問題を持つだけではない。ロックの『人間知性論』がきっかけとなってウィリアム・モリニューが提出した「モリニュー問題」をめぐる議論、つまり、われわれの空間認識のメカニズムについての議論が、当時すでに少なからぬ人々の関心事となっていた。また、それに関わる先天性白内障患者の手術の結果も、カントの時代にはすでに知られるところとなり、しかもカントはこうした一連の事態をよく承知していた。にもかかわらず、カントはそれに言及することなく、単純に空間を感性の純粋形式とし、あらゆる外的経験はそれに従わなければならないとした。

加えて、カントは、感性のレベルにおいて「多様なもの」(das Mannigfaltige)を構成するものが個々ばらばらに与えられるとし、その結合(総合)を、われわれの想像力もしくは知性の重要な役割とみなした。だが、現象が空間を条件として成立するものであるとすれば、感性において与えられたものは、すでにある三次元的なまとまりを持っていなければならないことになる。しかしカントは、多様なものを構成する所与が感性において個々ばらばらに与えられるという考えと、感性的直観の所与が感性のレベルですでに三次元的なまとまりを持つということがどのように整合するかについて、論じようとはしなかった。

カントの空間論は、このように、問題を多岐にわたって生ぜしめる。本章は、こうしたカントの空間論を取り上げ、これを再考しようとするものである。

まずは、「超越論的感性論」におけるカントの空間に関する議論を批判的に検討するところから始める。

1　「空間について」――「形而上学的究明」と「超越論的究明」

カントが空間について論じた『純粋理性批判』の超越論的感性論第一節「空間について」は、第一版では、節の前半をなす本論のあと、その節の後半に「上記の概念的把握からの結論」(Schlüsse aus obigen Begriffe) と題された結論部分が付いていた。第二版では、本論が「第二項　この概念の形而上学的究明」(§ 2. Metaphysische Erörterung dieses Begriffs) と「第三項　空間の概念の超越論的究明」(§ 3. Transzendentale Erörterung des Begriffs vom Raume) という二つの部分に分けられ、それに「上記の概念的把握からの結論」と題された結論部分が付いている。

第一版における本論の部分は、序にあたる部分と五つの項目からなっている。これに対して、第二版では、序にあたる部分に若干の加筆を行い、五つの項目の内容を整理してこれを二つに分け、「第二項」、「第三項」として別個に論じる形を取っている。右に見たように、一つ目は「この概念の形而上学的究明」、二つ目は「空間の概念の超越論的究明」と名づけられており、序にあたる部分は第二項の冒頭に収められている。

カントは、『純粋理性批判』第二版で、「形而上学的究明」(metaphysische Erörterung) を、次のように説明している。

> 私は究明 (Erörterung [expositio]) を、ある概念に属するものを (たとえ詳細にではないにしても) 判明に表象することと理解する。そして、その概念をアプリオリに与えられたものとして叙述するものをこの究明が含む場合には、それは形而上学的である。(1)

つまり、ここで言う空間概念の形而上学的究明とは、その概念を経験由来のものではないアプリオリな概念として、その内容を明確に捉えようとするものである。
これに対して、「超越論的究明」は、次のように説明されている。

> 私は超越論的究明を、ある概念を他のアプリオリな総合認識の可能性をそこから洞察しうるような原理として解明することと理解する。そのために必要なのは、㈠そうした〔アプリオリな総合〕認識が実際に当の概念から生じること、㈡これらの認識はただこの概念のそうした解明の仕方を前提としてのみ可能であること、である。[2]

つまり、「超越論的究明」においては、当の概念（ここでは空間概念）をある仕方で捉えること（カントによれば、これはそれ自体がアプリオリな総合認識を得るということなのだが）によって、他のアプリオリな総合認識がどうして可能であるかがわかるようになる、という。そして、これをわかるようにするのに必要なのは、その概念（ここでは空間概念）から実際に他のアプリオリな総合認識が得られることを示すこと、そして、それ以外の理解の仕方ではそうしたアプリオリな総合認識は得られないということを示すこととされている。つまり、空間概念の場合、カントは自らの「超越論的究明」によって、空間概念が他の（ある一群の）アプリオリな総合判断が可能であるための必要条件であることを示そうとしているのである。

カントのこれらの説明からわかるように、「空間において」の主たる論点は、空間概念がロックの言うような経験から得られたアポステリオリな概念ではなくて、アプリオリな概念であることを明らかにすること、そして、そうしたアプリオリな概念がなければ、ある種のアプリオリな総合認識（アプリオリな総合判断）は成り立たないことを示すことにある。そこで、以下ではまず、カントが「空間において」でいかなる立論をなしているかを確認するところから始める。

2 序にあたる部分――「外的感官」と「内的感官」

まず、序にあたる部分の内容を見よう。この部分は、第二版では先に引用した「形而上学的究明」の説明が加筆されているものの、それ以外の部分はほぼ第一版と同じである。カントはそこで、次のように言う。

われわれは、外的感官（われわれの心の固有のあり方の一つ）によって、もろもろの対象をわれわれの外にあるものとして、それらをすべて空間の中に表象する。その空間の中で、対象の形や大きさや相互の関係が規定され、また規定されうる。心は、おのれ自身やその内的状態を、内的感官によって直観する。その内的感官は、確かに、魂そのものを一つの客観〔対象〕として直観させるものではない。しかし、それは、魂の内的状態の直観がそのもとでのみ可能となる特定の形式である。したがって、内的なあり方に属するものは、すべて、時間の諸関係において表象される。時間は外的には直観されえないが、それは空間がわれわれの中にあるなにかとして直観されえないのと同じである。ところで、空間および時間とは何か。それらは現実に存在するものなのか。それらは物の規定もしくは物どうしの関係にすぎないとしても、物自体が直観されないにもせよ物自体にも帰属するものなのか。あるいはそれらは単に直観の形式にのみ付着するものであり、したがって、それなしには〔空間と時間という〕これらの述語がいかなる物にも付与されえないような、われわれの心の主観的な性質に付着するものなのか。この点を明確にするために、われわれはまず空間の概念を究明することにしよう(3)。

ここでカントは、ロックに従って（ロックはわれわれの経験を「感覚」[Sensation] と、「内的感官」[internal Sense] としての「反省」[Reflection] とに分けた(4)）、「外的感官」(der äußere Sinn) と「内的感官」(der innere Sinn) を区別する。そして、空間に関しては、「われわれは、外的感官〔……〕によって、もろもろの対象を〔……〕すべて空間の中に表象する」とした上で、それがどのようなものであるかを考察しようとする。ロックの場合、空間の観念は視覚と触覚から得られると言われるが(5)、カントは彼が「外的感官」と呼んでいるものがどのような種類の感覚機能であるかは明らかにせず、引用の後半に見られるように、空間と時間が現実に存在するか、物の規定ないし物どうしの関係にすぎないのか、物自体にも帰属するのか、それともわれわれの主観のあり方なのかを問題にする。「外的感官」と「内的感官」の区別を明確に説明せず、また「外的感官」の具体的説明を行わないことによって、カントの見解は、当時の諸種の議論に比して、科学史的にはとりわけ判明性を欠くものとなっている。

3　「空間について」――本論の基本的議論

次に、第一版に従って、右の序にあたる部分に続くカントの議論を見ることにする。ここで第一版に拠るのは、カントの当初の議論（第一版の議論）のほうが、ある意味でその構成がわかりやすいからである。その上で、第二版に言及することにする。

第一版では、議論は五つの項目に分けて進められる。その第一の項目の全文は、次のとおりである。

一、空間は、外的経験から引き出された経験的概念ではない。というのも、あるもろもろの感覚が私の外にあるなにかに（つまり、私がいる空間の場所とは異なる場所にあるなにかに）関係づけられるためには、なおまた、私がそれらの感覚を互いの外にあり、したがって単に異なっているだけでなく異なる場所にあるものとして表象することができるためには、空間の表象がすでに根底になければならないからである。したがって、空間の表象は、外的現象のもろもろの関係から経験を通して借用されたものではありえず、この外的経験はそれ自身が右の〔空間の〕表象によってのみはじめて可能となるのである。(6)

「空間は、外的経験から引き出された経験的概念ではない」とするここでのカントの論が十分なものでないことは、縷々論じるまでもない。彼は、「あるもろもろの感覚」が外的なものとして知覚されたり互いに異なる場所にあるものとして表象されたりするためには、「空間の表象がすでに根底になければならない」と言うのみである。確かに、さまざまなものが空間的に位置づけられるには、空間がなければならないのは当然である。しかし、だからといって、空間が「外的経験から引き出された経験的概念ではない」とせざるをえないわけではない。一般に、Aが可能であるためにはBがなければならないということから、Bが経験から得られたものではないということは帰結しないのである。

外的な空間的秩序が成り立つためにはそもそも空間がなければならないという思考対象間の論理的関係の把握が妥当であるとしても、それと、空間が経験的概念であるという認識論的テーゼが、まったくの補助的議論のないまま矛盾対当関係にあるとは考えられない。現にロックは空間の観念を外的経験から引き出された経験的観念だと考えた。だが、仮にロックの見解が正しくないとしても、ロックが論理的に矛盾した発言をなしたと考える人はいない。感覚とともに空間も経験的に与えられると考えることの不可能性を論証するには、カントのこの項目における議論はあまりに弱い。

カントの二つ目の議論は次のとおりである。

> 二、空間は、あらゆる外的直観の根底にあるアプリオリな必然的表象である。空間の中にいかなる対象も見いだせないということは十分に考えられるとしても、空間がないということは、けっして表象することができない。したがって、空間は、現象の可能性の条件（現象が可能であるための条件）とみなされるのであって、現象に依存する規定とはみなされず、必然的な仕方で外的現象の根底に存する、アプリオリな表象である。[7]

カントのこの二つ目の議論も、必要以上にシンプルである。ここでは、空間の表象が「アプリオリ」であると同時に「必然的」であると言われている。「アプリオリ」とは経験に依存しないということであるが、(8)そのことはすでに第一の項目で言われたことである。そして、ここでは、「空間がないということは、けっして表象することができない」と言う。だからカントは空間概念(空間の表象)は「必然的」だと言うのである。

まず、彼の使用する「表象する」という言葉の意味の曖昧さの問題がある。それは、心像として思い浮かべることなのか、それとも、心像の存否如何にかかわらず、(いわば概念的に)考えることなのか。このような基本的なことをカントは少しも明確にしないまま、「空間がないということは、けっして表象することができない」と言う。数行で終わるはずのない議論を、彼は段落前半部のわずかな文からなる独断的発言によって終わらせる。

そして、同じ項目の後半部では、「空間がないということは、けっして表象することができない」ということから、「空間は、現象の可能性の条件とみなされる」と言う。空間が現象の可能性の条件であるということは、現象はすべからく空間的であるということを含意している。とすれば、現象は空間的である、そして、現象が空間的であるためにはそもそも空間がなければならず、したがって空間は現象の可能性の条件であるということが、一と二におけるカントの主張の核心部分をなすこととなる。この主張の出発点は、「現象が空間的である」というカントの確信である。その確信をカントはどのようにして得たのか。経験によってではないのか。もしそうでないのなら、彼はどこからその確信を得たのか。また、経験によってであるのなら、もう一度先の問題に戻るが、彼はいかにしてその経験的に確認された事実の根底にあるとする空間が、非経験的なものであるということを証明したのか。彼の論は一見もっともらしく見えるものの、少なくとも彼はその証明を行ってはいない。

さて、第三の項目は、次のとおりである。

三、このアプリオリな必然性に、すべての幾何学的原則の明証必然的確実性（apodiktische Gewißheit）とそれらのアプリオリな構成（Konstruktion）の可能性が依拠している。すなわち、空間のこの表象が一般的な外的経験から得られたアポステリオリに獲得された（erworben）概念であるとすれば、数学的規定の第一の諸原則は知覚〔によって知られるもの〕以外のなにものでもないであろう。したがって、それらは知覚の偶然性のすべてを持つことになり、二点を繋ぐ直線は一つしかないということは必ずしも必然的ではなく、経験がそのことをそのようにいつも教える〔という ことにすぎなくなる〕であろう。経験から借用されたものは、せいぜいのところ相対的な普遍性、すなわち帰納による普遍性しか持っていない。したがって、われわれに言えるのは、これまで観察した限りでは四つ以上の次元を持つ空間は〔まだ〕見いだされてはいないということだけであろう。(9)

カントは、思いついたことをただ思いついた順に述べているのではけっしてなく、あらかじめ考えたことを整理して叙述している。(10) 一と二に見られる粗い議論も、この三においてその意図が明らかになる。カントが空間のアプリオリ性と必然性を一と二で強調したのは、「すべての幾何学的原則の明証必然的確実性とそれらのアプリオリな構成の可能性」を確保するためである。空間がアプリオリな必然的概念でないと困るのは、カントによれば、「空間のこの表象が一般的な外的経験から得られたアポステリオリに獲得された概念であるとすれば、数学的規定の第一の諸原則は知覚〔によって知られるもの〕以外のなにものでもない」ことになるからである。要するに、空間が外的経験から得られた概念であるなら、空間に関わる諸原則〔「二点を繋ぐ直線は一つしかない」や「空間は三次元しか持たない」〕も外的経験によって得られたものでしかなく、たまたまそうなっていることがわかったという偶然的なものでしかないことになり、これでは数学の諸原則が持つ必然性を説明できないというのである。こうして、カントは、空間がアプリオリで必然的なものでなければならないということをあらかじめ自明のこととしながら、一や二に見られる強引な論を組み立てていると考えられる。

空間概念がアプリオリで必然的なものでなければ数学の諸原則が偶然的なものにしかならないかどうかについては、のちほど検討することにして、先へ進むことにする。

第四の項目は、次のとおりである。

四、空間は、物一般の諸関係の論議的概念〔言語的概念〕、あるいはよく言われるような一般概念ではなく、純粋直観である。というのも、まず第一に、われわれは唯一の空間を表象することができるだけであり、したがって、われわれが多くの空間について語るとき、われわれはそれによって、同じ一つの唯一の空間の諸部分を理解するにすぎないからである。これらの諸部分は、すべてを包括する唯一の空間に対し、〔それらからその合成が可能であるような〕いわばその空間の構成要素として先行するのではなく、その唯一の空間の中でのみ考えられるにすぎない。空間は本質的に一つであり、空間における多様なもの、したがってまたもろもろの空間一般という一般概念は、もっぱら〔その唯一の空間の〕制限に基づいている。ここから、空間に関しては、（経験的でない）アプリオリな直観が、空間のすべての概念の根底にあるということが帰結する。したがってまた、例えば「三角形の二辺の和は他の一辺よりも長い」のような、すべての幾何学的原則は、けっして線や三角形の一般概念から導き出されるのではなく、直観から、しかも、アプリオリに明証必然的確実性をもって、導き出されるのである。(11)

この項目では、空間がいわゆる一般概念ではなく、直観作用の対象としての直観（しかも経験から得られたのではない純粋直観）であり、感覚作用や想像作用によって直接映像的に見て取ることのできるものであることが示唆される。ここで「論議的」と訳した‘diskursiv’は、ラテン語の名詞‘discursus’の形容詞形を基としたもので、「論議的概念」(diskursiver Begriff) とは、ディスコース的な概念、つまり、言葉を用いて論議し弁論する際に機能する概念であることを意味する。つまり、直観が直接観て取られるものであるのに対して、なにかを言語的に捉える際に機能する概念が「論議的概念」である。ということは、単に「概念」でもいいのであるが、カントは空間や時間に対しても一般的用法として「概念」という言葉を用いるので、「直観」と区別するために「論議的概念」と言っているのである。

伝統的には、ソクラテスやプラトンやアリストテレスのような個体を最下層に考え、それらをまとめて「人間」として捉えるとき、「人間」という「一般概念」が働くとされる。また、人間が犬や馬などとともに「動物」として捉えられるとき、「動物」という「一般概念」が成立するとされる。さらに、動物が植物とともに「生物」として捉えられると、「生物」という「一般概念」が成立するとされる。このような一般概念は、それに「包摂」されるもの（例えばソクラテスやプラトン）がその概念の内容（例えば人間であること）の構成要素であるとは考えられない。これに対して、空間は、一つの空間があるだけで、「多くの空間」が考えられるときには、それらは、その一つの空間の諸部分であると見られる。このように、空間の概念は一般概念とは異なる振る舞いをする。カントはこうした、一般概念（ないし論議的概念）とは異なる空間のあり方に注意を向けさせ、それが一般概念ではなく直観（しかも経験から得られたのではない「純粋直観」）であることを納得させようとしているのである。

のちに改めて考察するように、カントはこの空間の、直観としてのあり方が、空間に関する学としての幾何学の成立を支えていると考える。カントが先に引用した第三の項目の叙述の中で「構成」(Konstruktion) に言及しているのは、そのためである。

『純粋理性批判』第一版「空間について」の最後の項目である第五の項目は、次のとおりである。

五、空間は、与えられた無限の大きさ（eine unendliche Größe）として表象される。空間の一般概念（それは、一フィートにも一エレにも共通する）は、大きさに関してはなにも規定することができない。直観の進行において無際限性（Grenzenlosigkeit）〔際限なくどこまでも進むということ〕がないとしたら、〔空間的〕諸関係のいずれの概念も、それらの関係の無限性（Unendlichkeit）という原理を伴うことはないであろう。[12]

この最後の項目では、空間の無限性が言われる。空間の一般概念は、一般概念であるから特定の大きさという規定を含まないのはもちろんのことであるが、興味深いのは、カントがここで無際限性と無限性の関係にわずかに触れていることである。どこまで行ってもまだ続くという無際限性は、例えばカントが読んだロックの『人間知性論』の中でも、無限の空間（Immensity）を捉える観点として重要な役割を果たしているが、[13]カントのここでの議論はあまりに簡潔すぎて、ロックが提示した類いの見解をまるで当然視しているだけのように見える。

4　第二版での「形而上学的究明」と「超越論的究明」

以上が、第一版の本論部分におけるカントの議論の全容である。ポイントは、空間の表象は論議的概念ではなく純粋直観であり（四）、際限なくどこまでも広がる無限なものであり（五）、経験から得られたものではなくアプリオリなものであって（一）、空間の非存在は考えられないという意味で必然的であり（二）、しかもそのアプリオリ性と必然性を認めなければ幾何学は成り立たない（三）、というところにある。

第二版では、こうした第一版での議論を、「形而上学的究明」と「超越論的究明」の二つに分けている。先に見たように、「形而上学的究明」は、空間概念がアプリオリなものであることを示すものであり、「超越論的究明」は、当該概念によってアプリオリな総合認識（アプリオリな総合判断）が可能となることを示すものである。

第一版の五つの項目のうち、第三の項目はまさしく「超越論的究明」に属する。そこでカントはこの第三の項目を削除し、その論点を「超越論的究明」に移す。こうして、第二版の「形而上学的究明」は、第一版の一、二、四、五に対応するものによって構成される。また、第一版の五（第二版の四）は、次のように書き換えられている。

四、空間は、与えられた無限の大きさとして表象される。ところで、われわれは、いずれの概念をも、無限に多くの可能なさまざまな表象のうちに（その表象の共通の徴表として）含まれており、したがってこれらの表象を自らのもとに含むところの、一つの表象として、考えなければならない。しかし、いずれの概念も、概念としては、無限に多くの表象を自らのうちに含むかのように考えることはできない。ところが、空間はそのようなものと〔無限に多くの表象を自らのうちに含むものと〕考えられる（というのも、無限に存在する空間の諸部分は、同時に存在しているからである）。したがって、空間の根源的表象は、アプリオリな直観であって、概念ではない。(14)

この書き換えられた第二版の四（第一版の五に相当）では、書き換えられた部分において、空間の無限性が言われるとともに、その表象が「アプリオリな直観であって、概念ではない」ことが強調されている。

このように、第二版では「形而上学的究明」が先行し、そのあと、「超越論的究明」が続く。先に引用した「超越論的究明」が何であるかを説明する第一段落を除き、第二版の「超越論的究明」の全文を引用しておく。

> 幾何学は、空間のもろもろの固有性を総合的に、しかもアプリオリに規定する学である。空間についてそのような認識が可能であるためには、そもそも空間の表象はどのようなものでなければならないのか。空間は根源的に直観でなければならない。というのも、単なる概念からは、その概念を超え出るいかなる命題も引き出せないのに、幾何学ではそれが起こるからである（序論V）。しかし、この直観はアプリオリでなければならない。言い換えれば、対象のすべての知覚に先んじて、われわれのうちに見いだされなければならない。したがって、それは純粋直観であって、経験的直観であってはならない。というのも、幾何学的諸命題は、空間は三次元しか持たないという命題のように、ことごとく明証必然的であり、それらの命題の必然性の意識と結びついているからである。しかし、そのような命題は経験的判断や経験判断ではありえず、そうした判断から推論されることもありえない（序論Ⅱ）。
>
> ところで、客観そのものに先行し、その中で客観の概念をアプリオリに規定することのできる外的直観は、いかにして心に内在することができるのか。それは明らかに、客観によって触発され、それによって客観の直接的表象すなわち直観を得るという主観の形式的性質として、したがって単

に外的感官一般の形式として、当の外的直観が単に主観の中にその座を占める限りにおいてである。したがって、われわれの説明だけが、アプリオリな総合認識としての幾何学の可能性を理解可能にする。これをなしえない説明の仕方はすべて、それがわれわれの説明にいくらか似ているように見えても、これをなしえないという点において、われわれの説明とは最も確実に区別することができる。(15)

第一版では第三の項目に込められていたことが、ここでは書き直された『純粋理性批判』序論に言及しながら、少し長めに論じられている。要点は、空間がアプリオリな純粋直観として主観に内在していなければ、幾何学は成り立たないというところにある。

5　幾何学の可能性

以上で、カントの「超越論的感性論」第一節「空間について」の主たる議論の内容を、批判的に確認した。カントが空間の表象を経験由来ではなくアプリオリなものとし、また空間の存在を否定することはできないという意味でその表象を必然的なものとする際に用いた議論は、けっして強固な、明証必然的なものではないこと、そして、カントが空間の表象をそのようなものとしたい理由は幾何学の可能性の確保にあったことが、理解されたと思う。そうすると、次に考察しなければならないのは、空間を内在化させることでカントは所期の目的を果たしえたかどうかである。

先にわれわれは、『純粋理性批判』第一版の「空間について」の第三の項目で、カントが「構成」(Konstruktion)という言葉を使用しているのを見た。「構成」はカントが純粋数学のアプリオリな総合認識が直観の中で単なる概念を超えて獲得されるのを説明するのに用いた重要概念である。だが、別の機会に確認したように、[16] 空間の内在化は、「構成」を核とするカントの説明においては、ヴィトゲンシュタインの言う〈機械の他のどの部分ともつながっていない空回りする車輪〉[17]の役割しか果たしていない。ここで、再度この件について、確認しておく。

ユークリッド幾何学がそのままこの「自然」にあてはまるという当時の考え方はさておき、カントの場合、空間を直観の形式とみなすことと、純粋数学としての幾何学のアプリオリな成立とは、どのように関係しているのか。結論から言えば、空間を直観の形式とみなすことは、カントにとって、幾何学が自然界にあてはまることを保証する手立てであったとはいえ、空間を直観の形式とすること自体は、カントの考える純粋数学としての幾何学の成立とは直接的な関わりはない。なぜかと言えば、カントが幾何学に求める普遍性は、空間がアプリオリな純粋直観であることによるのではなく、空間中に概念を基に描かれた図形が、一般的なものとして扱われることにあるからである。

『純粋理性批判』の「超越論的方法論」におけるカントの「構成」についての説明は、この事態をよく表している。「構成」とは、産出的想像力によって、概念に対応する図を空間の中に描くことである。つまり、概念の直観化である。彼はこれについて、次のように言う。

哲学的認識は、概念からの理性認識であり、数学的認識は、概念の構成からの理性認識である。し

> かるに、概念を構成するとは、その概念に対応する直観をアプリオリに描き出すことである。したがって、概念の構成には経験的でない直観が必要であり、そのため、その直観は、直観としては個別の客観〔対象〕であるが、それにもかかわらず、概念（普遍的表象）の構成としては、同じ概念に属するすべての可能な直観に対する普遍妥当性を、その表象において表現しなければならない。というわけで、私が三角形を構成するには、この概念に対応する対象を、ひたすら想像によって純粋直観において描き出すか、また想像に従って紙の上に経験的直観において描き出すかであり、いずれの場合にも、まったくアプリオリで、そのための見本をなんらかの経験から借りてくることはない。描かれた個別の図形は経験的であるが、にもかかわらず、概念が持つ普遍性を損なうことなくその概念を表現するのに役立つ。というのも、概念にとっては辺の長さや角の大きさのような多くの規定はまったくどうでもいいことであるが、この経験的直観においては、常にただ概念の構成の働きだけに注意が向けられ、したがって、三角形の概念を変えるわけではないこれらの違いは捨象されるからである[18]。

「想像によって」というのがポイントである。カントは、経験的直観のうちで（つまり現実に）いきなり紙に図を描いて、とか、経験の中になんらかの見本を見つけて、とかいった作業に対して、心の中で想像によって図を描くこと（あるいはその想像のあと、それを紙等に描くこと）を、まったくそれとは異質の性格のものとみなしている。前者は、言い換えれば、「経験において」ということである。純粋数学はまさしくそうした「経験」に基づかないから「純粋」なのであり、そのため、経験が持つ

「偶然性」を免れ、必然性・普遍性を持つと、カントは考える。したがって、純粋数学の可能性の考察を経験の中で始めることはできるはずもなく、そこで彼が依拠するのが、想像力を用いた心の中での作図、つまり「構成」である。

三角形や円錐といった幾何学的概念は、この想像力を用いた「構成」によって図（つまり直観）にすることができるとカントは考える。この図は、カントによれば、現実の「経験」とは異なる「想像」の中で描かれるものであるから、経験的直観ではない。外的直観の形式である純粋空間の中に、想像力によって描かれるものであるため、その図自体「純粋直観」であり、そこから知られることは、先述のように、経験によって知られるものが持つ帰納的・偶然的性格を免れている、とカントは言う。つまり、その図は、アプリオリな純粋直観形式としての空間と、そこに図を描く産出的想像力のみに基づくことから、そこから得られる認識は経験的認識とはまったく異なる性格を持つと言うのである。

しかし、実際にカントが依拠している手法からすれば、その操作は、空間を感性の純粋な直観形式として扱うこととは、直接的な関わりはない。

想像力を用いて概念に対応するものとして描かれた図形。それは現実に紙に描かれた図形と同じく、特定の形、特定の大きさのものでしかない。したがって、その特定の性質を持つ描かれた図形についてなにかを認識もしくは証明しても、それは例えば三角形一般や円錐一般に「普遍的」にあてはまるとは必ずしも言えない。カントは、右の引用箇所に見られるように、この異議申し立てに対して、われわれはその場合、その図形の特定の形や大きさ等々に関わることなく認識ないし証明を行っているため、特定の形や特定の大きさを持つ図形をもとに認識ないし証明がなされたといっても、そのことは引き出された結果を限定するものではないと言う。

例えば、三角形の概念の場合、仮にその中身が「三つの直線からなる閉じた平面図形」であるとしよう。そうすると、われわれは、その概念だけを基に、「三角形は三つの直線からなる」とか「三角形は平面図形である」とかいった「分析判断」を引き出すことはできるが、こうした分析判断は、幾何学者が本来求めている「三角形の内角の和は二直角である」のような判断（カント的に言えば「総合判断」）ではない。そこで、幾何学者は、概念を基に、図を描き、そこから各種の総合判断を得ようとする。だが、三角形の概念の場合、それが単に「三角形」というだけでは、辺の長さや角の大きさが指定されておらず、そうした特定の辺の長さや角の大きさを持たないような三角形の心像を、われわれは想像力によって描くことはできない。描けるのは、特定の辺の長さや角の大きさを持つ三角形（伝統的な用語で言えば、「特殊な」三角形）でしかない。にもかかわらず、われわれは、その描かれた特殊な三角形の、特定の辺の長さや角の大きさを無視して、議論を進めることができる。例えば、三角形の一辺を延長して外角を作り、その外角に対辺に平行な直線を描き加えると、われわれは、平行線の性質を利用して、三角形の内角の和が二直角であることを知る。その結論は、描かれた三角形の特定の辺の長さや角の大きさを拠り所とせず、それらを「捨象」（無視、度外視）して引き出されているので、それは、描かれた特殊な三角形についてのみ言えることではなく、三角形一般について言えることだというわけである。

カントの考えが右のようなものであるとすると、「構成」された図形から得られる認識の普遍性を保証しているのは、空間が直観の純粋形式であるということではなく、むしろ、概念に従って図形

32 EUCLIDIS ELEMENTORUM

PROP. XXXII. THEOR.

Omnis trianguli uno latere producto, exterior angulus duobus interioribus & oppoſitis eſt æqvalis; & trianguli tres interiores anguli duobus rectis ſunt æqvales.

Sit triangulum ABC, & unum ipſius latus BC producatur in D: Dico primò angulum exteriorem ACD duobus interioribus & oppoſitis CAB, ABC, æqvalem eſſe; & ſecundo trianguli tres interiores angulos ABC, BCA, CAB duobus rectis eſſe æqvales.

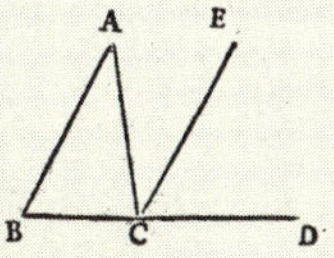

Conſtructio.

1. Producatur recta BC in D (per 2 poſt).
2. Ducatur per punctum C, ipſi AB rectæ parallela CE (per 31. prop.)

Demonſtratio.

Recta CE eſt parallela rectæ BA (per conſtr.), ideoqve recta in ipſas incidens, AC, angulos alternos facit æqvales, angulum nempe ACE = ang. CAB (per 29 prop.)

Porro recta, BD, incidens in easdem etiam parallelas AB, EC, facit angulum exteriorem ECD = interiori & oppoſito ABC (per 29 prop.);

Ergo anguli ACE+ECD = angulis CAB+ABC (per 2 ax.);

Sed anguli ACE+ECD = angulo ACD (per 8 ax);

Ideo & angulus ACD = angulis CAB+ABC (p. 1 ax.) *Q. Imo e.d.*

Communis jam addatur angulus BCA,

Sic erunt ang. ACD+BCA = ang. CAB+ABC+BCA (per 2 ax.);

Sunt autem ang. ACD+BCA = duobus ang. rectis (per 13. pr.);

Ergo ang. CAB+ABC+BCA = duobus ang. rectis (per 1 ax.).

Qvod IIdo erat demonſtr.

PROP.

「三角形の内角の和は二直角である」　ユークリッドの『原論』ラテン語版（*Euclidis Elementa Geometriae Planae*［Hafnia (Copenhagen): J. G. Höpffnerus, 1756]）より　ページの中央少し上のところに、「構成」（Konstruktion）のもとの言葉であるラテン語の Constructio が認められる。

（像）を描く働きと、描かれた図形の特殊性を捨象する（度外視する）働きである。また、空間中に描かれた図形を一般的に扱うことが、そこから得られた認識の普遍性を保証するのであれば、それが想像によって描かれた心像であろうと、紙の上に描かれた図形であろうと、問題ではない。描かれた図形が持つ特殊化する性質が度外視される限り、その直観を基にして得られる認識は普遍性を持つことになる。つまり、「構成」と特殊性の度外視とをもとにしたカントの説明からすれば、純粋数学を保証するために空間を心の中に取り込んで、感性的直観のアプリオリな形式と見なければならない理由はない。反対に、空間をそのような形式と見ることが、カント的発想による純粋数学としての幾何学の成立の説明を支えているわけではない。

6　「多様なもの」とその「結合」

このように、「空間について」に見られるカントの空間論には、いくつかの重大な疑義がある。だが、それだけではない。カントの空間論に関しては、少なくともあと二つ、問題が残っている。一つは、外的対象は感性に組み込まれた空間という純粋直観の働きによってみな空間中にあるものとして現れるというカントの処断と、「多様なもの」の「結合」という彼の考え方が、そのままでは相容れることのない主張ではないかという問題である。もう一つは、いわゆる「モリニュー問題」に関わる。カントは、イギリス哲学においてすでに話題となっていた空間視の原理的検討を承知しながら、『純粋理性批判』でそれを論じることをせず、「超越論的感性論」でいきなり空間を感性のアプリオリな形式と断じる。本章の以下の部分では、それら二点について確認し、カントの中の別の不整合を明らかにするよう試みる。

まずは一つ目の問題である。

カントは「多様なもの」(das Mannigfaltige) について立ち入った説明をしない。けれども、これが彼の議論の重要な要素の一つとなっているのは明白である。カントは、この多様なものについて、あることを自明視している。多様なものは、単に多様であるだけでなく、それ自体としては複数の異なるものが相互の関わりを持たずばらばらに与えられているだけだと言うのである。カントは、空間内にさまざまなものが現れるだけでなく、時間経過の中での各瞬間もそれぞれに別々のものと考えている。カントはこの件について、例えば『純粋理性批判』第一版で、次のように述べている。

いずれの現象も多様なものを含んでおり、したがってさまざまな知覚は心の中でそれ自体では個々ばらばらに見いだされるので、それらの知覚を結合する必要があるが、それらの知覚はこの結合を感官そのものにおいて持つことができない。[19]

ここでは「多様なもの」は「さまざまな知覚」からなっていることが示唆される。そして、そのさまざまな知覚が「個々ばらばらに見いだされる」ことが強調され、それらの知覚は自らの結合を「感官そのものにおいて持つことはできない」とされている。

第二版でも同様のことが述べられる。

表象の多様なもの（das Mannigfaltige der Vorstellungen）は、直観において与えられうるものであり、この直観は感性的なものにすぎず、言い換えれば、感受性にほかならない。そして、この直観の形式はわれわれの表象能力の中にアプリオリに存在しうるけれども、それは主観の触発のされ方以外のなにものでもない。しかし、多様なもの一般の結合〔……〕は、けっして感官を通してわれわれのところに到来しうるものではなく、したがって、それは感性的直観の純粋形式の中に同時に一緒に含まれていることはありえない。というのも、結合は表象力の自発性の作用（Actus）である。そして、この自発性は、感性と区別するため、知性と呼ばなければならないので、あらゆる結合は、われわれがそれを意識しようとしまいと、それが直観の多様なものの結合であろうと多様な概念の結合であろうと、また直観の多様なものの結合の場合、感性的直観の多様なものの結合であろうと非感性的直観の多様なものの結合であろうと、知性の働きであり、われわれはその働きに、「総合」（Synthesis）という一般的名称を付与するであろう[20]。

ここでカントは「表象の多様なもの」という表現をとり、それを「直観において与えられうる」としている。つまり、通常の言い方をすれば、感覚機能によってわれわれが得ることのできる多様な感覚が「多様なもの」と言われているのである。そして、「多様なもの一般の結合〔……〕は、けっして感官を通してわれわれのところに到来しうるものではなく」、その「結合」はわれわれの「知性の働き」によるとされる。感性によって与えられるだけの「多様なもの」が、自ら「結合」していないことは、結合が「感性的直観の純粋形式の中に同時に一緒に含まれていることはありえない」と彼が断言していることからも明らかである。

7　ロックの場合㈠――観念の複合化と知識

カントのこうした発言は、ロックの単純観念とその複合化についての考え方を彷彿とさせる。ロックはこれについて、次のように言う。

われわれの一切の知識の材料であるこれらの単純観念は、先に言及した二つの道、すなわち感覚と反省だけによって、心に示唆され備えられる。知性がひとたびこれらの単純観念を蓄えると、それは、ほとんど無限の多様性に至るほどにそれらを反復し、比較し、合一する能力を持っていて、新しい複合観念を随意に作ることができる。(21)

カントの場合、たいていは「結合」もしくは「総合」と一括りにして知性の働きを問題にするのであるが、ロックの場合は、カントの言う「知性の働き」をもっと多面的に考察する。右の引用箇所ですでにロックは「反復し、比較し、合一する」という三つの心の働きに言及しており、いずれもカントの言う「結合」の能力の諸相と見ることができる。

また、次の箇所でも、その一部において、ほぼ同様のことが言われている。

心はその単純観念のすべてを受け取るにあたってはまったく受動的であるが、それ自身のさまざまな作用（acts）を行使して、他の一切の観念を、その材料であり基礎である単純観念から形成する。単純観念に対して心がその能力を行使するところの心の作用は、主として次の三つである。一、多様な単純観念を組み合わせて、一つの合成観念にすること。これによって、すべての複合観念が作られる。二、二つ目は、単純観念であれ複合観念であれ、二つの観念を取りそろえ、それらを互いの傍らに置き、それらを合一させることなく、同時に眺めること。これにより、心は関係の観念のすべてを得る。三、三つ目は、それらを、それらが実在する際に伴っている他のすべての観念から分離すること。これは「抽象」と呼ばれ、これにより、一般観念のすべてが作られる。[22]

ここで言われている心の主たる「作用」のうちの一つ目、「多様な単純観念を組み合わせて、一つの合成観念にすること」。これと、二つ目の「関係の観念のすべてを得る」心の作用が、カントの言う「結合」（総合）にあたる。

だが、カントの言う「結合」（総合）は、こうした観念（表象）の複合化にとどまるものではない。カントは言う。

個々の表象の各々が他の表象とまったく無縁でいわば孤立しており、他の表象から切り離されているとすれば、比較され結合された表象の全体である認識といったものは、けっして生じないであろう。[23]

つまりカントの場合には、単に表象の複合化だけが念頭に置かれているわけではなく、「認識」すなわち「知識」が問題となっており、それが「比較され結合された表象の全体」と言われている。このことも、ロックの知識に関する見解を思い起こさせる。ロックは『人間知性論』第四巻のはじめのところで、次のように述べている。

> 知識は、われわれの持つもろもろの観念のいずれかの、結合や一致、不一致や矛盾の、知覚にほかならないと、私は思う。[24]

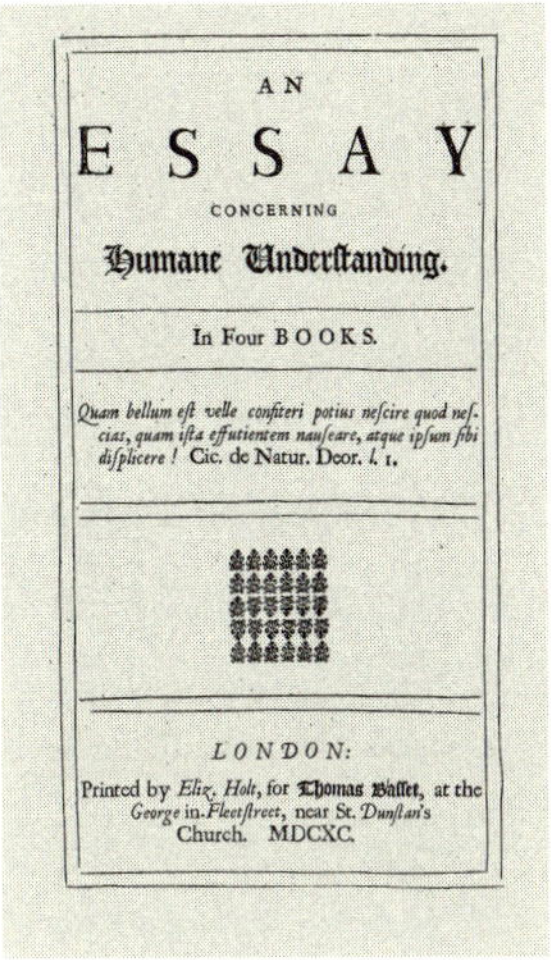

ロック『人間知性論』第１版
（1690年）の扉

ここでは観念の「結合や一致、不一致や矛盾の知覚」と言われている。「結合」や「一致」は、観念どうしが合致することを言い、「不一致」や「矛盾」は、観念どうしが合致しないことを言う。つまり、「三角形の内角の和は二直角である」や「白は黒ではない」のように、観念どうしを比較し、肯定や否定の形でそれらを結び合わせることによって、知識は成立する。つまり、ロックの場合も、知識は「比較され結合された表象の全体」として成立すると考えられている。

カントは、「結合」（総合）を、ロックのように、表象（観念）の複合化および表象（観念）どうしの比較による知識の成立という明確な二段構えで説明することはない。しかし、「結合」（総合）に関するその言説は、右のようなロックの見解に明らかに対応している。

8　ロックの場合(二)——単純観念と識別

しかし、カントが「多様なもの」を形成している諸表象（ないし諸知覚）が最初からばらばらで結合していないことを強調するのに対して、ロックはもっと立ち入った考察を示す。ロックは例えば次のように言う。

> 単純観念が一緒に合一されてさまざまな組み合わせのうちに存在するのが観察されるように、心はさまざまな単純観念を合一して一つの観念として考察する能力を持っている。しかも、それは、単純観念が外的対象において合一しているとおりに考察するだけでなく、心自身が単純観念をつなぎ合わせたとおりに考察する能力である。[25]

> 心には、外部の物に見いだされるとおりに感官がもたらす単純観念や、心自身の働きについての反省がもたらす単純観念が、おびただしく備えつけられるが、心はこれらの単純観念のある数のもの

が恒常的に一緒に来ることにも気づく。(26)

人々は、ある性質が常につながってともに存在しているのを観察するので、この点で自然を模写し、そのように合一された観念から、彼らの実体の複合観念を作った。(27)

ロックはこれらの箇所で、われわれに与えられる単純観念のあるものが、与えられた段階ですでに「合一して」いること、言い換えれば「恒常的に一緒に来」たり、「常につながってともに存在してい」たりすることを確認している。これは、カントの言う表象ないし知覚が「個々ばらばらに見いだされる」というのとは異なる。われわれが日々経験していることからすれば、カントの言う「個々ばらばら」よりも、ある単純観念は「恒常的に一緒に来」、「常に〔……〕ともに存在し」、「合一している」というのが実情に合う。のちに論じるように、まさしくこのカントの言う「個々ばらばら」が、空間を感性的直観の純粋形式とする彼の見解と不協和音を奏でることになる。

論を進める前に、ロックに関する疑問を一つ解いておきたい。それは、ロックがある一群の単純観念が合一して与えられるとしながら、その一方で、先の引用中の「われわれの一切の知識の材料であるこれらの単純観念は、先に言及した二つの道、すなわち感覚と反省だけによって、心に示唆され備えられる」という言葉が示すように、感覚と反省すなわち経験から得られる観念が複合的なものではなく、ひたすら単純観念であるかのような言い方をしているのはなぜかという疑問である。疑問を解く鍵は、ロックの次の言葉のうちにある。

われわれの感官を触発する諸性質は、物そのものにあっては合一し混じり合っていて、それらの間にいかなる分離も隔たりもないが、それらが心に生み出す諸観念が、感官によって単純で混じり合わずに入ってくるのは明らかである。というのも、一人の人間が運動と色とを同時に見たり、手が同じ一片の蠟に軟らかさと温かさとを同時に感じたりするように、視覚と触覚はしばしば同じ対象から異なる観念を同時に取り込むが、同じ基体の中でこのように合一している単純観念は、異なる感官によって入ってくる単純観念と同じように、まったく別個〔判明〕だからである。一人の人が一片の氷に感じる冷たさと硬さは、百合の匂いと白さ、あるいは砂糖の味と薔薇の匂いと同じように、心の中の別個な観念である。(28)

ここでロックは、単純観念が互いに別のものとして心の中に生み出されると言っている。しかし、このことは、与えられるものがすでに複合的であることと矛盾しない。われわれは、与件としての複合体を形成している諸観念が各々別個な観念であるという仕方で、それらをつなぎ合わせて理解することができる。そこで、問題は、複合体の要素たる単純観念がいかにして別個なものとして受け取られるかである。そこで重要な役割を演じるのが、われわれの心がなす「識別」(Discerning) の働きである。ロックは言う。

われわれの心にあると気づかれるもう一つの機能は、心が持っているさまざまな観念を識別し区別する機能である。あるものの混乱した知覚一般を持つだけでは十分ではない。もし心が異なる諸対象およびその諸性質の判明〔別個〕な知覚を持たないとすれば、われわれを触発する物体が今〔現に〕そうであるように忙しくわれわれに働きかけ、心が思考を行い続けていても、心はごく僅かの知識しか持てないであろう。あるものを他のものから区別するこの機能〔……〕によって、心は二つの観念が同じであるか異なっているかを知覚するのである。(29)

また、次のようにも言う。

そもそも心がなんらかの感じ（Sentiments）ないし観念を持っている場合に、その観念を知覚すること、そして、心が観念を知覚する限り、それぞれがどんなものであるかを知り、またそれによってそれらの違いを知覚し、一つ〔の観念〕が他〔の観念〕ではないことを知覚すること、これは、心の最初の作用である。(30)

こうした識別の働きによって、一群の単純観念がともに与えられる場合にも、その各々が他から区別され、その一つ一つが記憶に留められて、新たに複合観念を作る際の材料となる。これがロックの真意である。

とすると、問題はむしろ、なぜカントが「個々ばらばら」を強調するかである。

9　空間中の対象と、多様なもの

先に見たように、超越論的感性論における空間に関するカントの議論は、いきなりわれわれは、外的感官（われわれの心の固有のあり方の一つ）によって、もろもろの対象をわれわれの外にあるものとして、それらをすべて空間の中に表象する[31]

という文言から始まる。そして、このように対象がすべて空間中に表象されることを、

空間はただ外的感官のすべての現象の形式、すなわち、そのもとにおいてのみわれわれにとって外的直観が可能となる、感性の主観的条件にほかならない[32]

という言い方で説明する。対象が空間中にあるとすること自体は、われわれが日常一般にそう考えていることであり、その意味で常識的なことである。ところが、カントはその事象を空間の感性への内在化によって説明する。現象としての対象は、それがために、最初から空間の中にあるものとして表象されるというのである。

空間の内在化はともかく、このように現象としての対象は最初から空間の中に現れるという考え自

体は、一つの考え方として当然ありうることである。しかし、この考え方は、カントの中で、ある重要な不整合を起こす。

空間という現象の形式としての純粋直観が機能することによって、われわれはいきなり直観のレベルで対象を空間中に表象する。カントが考えている空間はユークリッド的三次元空間であるから、われわれに現れる対象はすべからく空間の中に、縦横高さの三次元的なまとまりを持つものとして現れるということである。これについても、空間の内在化（カントの言い方では「観念化」）の考え方は別として、対象の捉え方としては、まだ日常の常識の範囲の話として受け取ることができる。つまり、感性すなわち感覚能力の働きにより、われわれはさまざまな対象を三次元的なまとまりを持つ「物」ないし「対象」として知覚するというのである。

しかし、このことは、先のカントの「多様なもの」をめぐる言説に抵触することになる。

先に見たように、カントはこの多様なものについて、あることを自明視している。多様なものは、単に多様であるだけでなく、それ自体としては複数の異なるものが相互の関わりを持たずばらばらに与えられているだけだとする。対象が空間中に現れるということは、感性の機能だけで対象が空間の中で三次元的まとまりを持ったものとして現れるということであるはずであり、実際カントは、前章第６節の三つ目の引用箇所（一四二ページ）にあるように、「感性的直観一般の純粋形式（ここでは空間）の中で、すべての現象の多様なものが、ある関係において直観される」と述べている。にもかかわらず、「いずれの現象も多様なものを含んでおり、〔……〕さまざまな知覚は心の中でそれ自体では個々ばらばらに見いだされる」のであって、「それらの知覚はこの結合を感官そのものにおいて持つことができない」。これはどう見ても矛盾である。

カントがなぜ、与えられる表象を「個々ばらばらに見いだされる」としたのか。一つのありうる見方としては、これはカントが、一方で、おそらくは先行するロック（やヒューム）の単純観念に関する見解のうち、経験によって単純観念が得られるという、その結論部分だけを受け入れた結果ではないかということがある。

ロックの場合、先に見たように、経験によって与えられ、知覚され識別された単純観念は、それぞれ別個に記憶に留められるという考えを基本としている。したがって、それだけ取れば、まさしく単純観念は「個々ばらばら」に与えられているかのように見える。カントはこうした見方のその部分だけをそのまま受け入れたのではないかというのが、ありうる一つの可能性である。

10　モリニュー問題から

カントが空間を直観の純粋形式としたことは、そうしたカント自身の内在的齟齬だけでなく、彼が影響を受けた当時の（自然科学を含む）イギリス哲学の水準ともかみ合わせづらい面を持つ。問題の所在を明らかにするため、ここでいわゆる「モリニュー問題」を取り上げる。

一六八八年二月、『ビブリオテック・ユニヴェルセル・エ・イストリック』誌に、まだ公刊されていないロックの『人間知性論』のフランス語の要約が掲載された[33]。アイルランド出身の科学者ウィリアム・モリニュー（William Molyneux, 1656–1698）は、この要約を読み、同年七月七日にロックに対してある問題を提起するのだが、そのときは、どういうわけか、ロックからの返事はなかった。その後ロックはモリニューと親しく意見を交わすようになり、モリニューは、一六九三年三月二日付けのロックへの手紙[34]で、再度その問題を提起する。これがのちに「モリニュー問題」(Molyneux problem; Molyneux's problem) と呼ばれるようになる。

ロックは、その問題を、『人間知性論』第二版（一六九四年）の「知覚について」の章で、次のように紹介している。

私はここで、あのきわめて天才的で学究的な真の知識の推進者、学識ある尊敬すべきモリニュー氏の問題を挿入しておきたい。彼は、数箇月前、それを私に手紙で送ってくれた。それは、次のようなものである。「ある人が生まれつき目が見えず、今大人になって、同じ金属でできた、ほとんど同じ大きさの立方体と球を区別することを触ることによって学び、立方体と球に触ってどちらが立方体でどちらが球であるかわかるとせよ。そこで、テーブルの上に立方体と球が置かれているとし、その目の見えない人が、目が見えるようになったとせよ。その人は、それらに触る前に、見ただけでどちらが球でどちらが立方体であるかを言えるかどうか、答えよ。」これに対して、鋭敏で賢明な問題提起者は、次のように答える。「それは言えない。というのも、その人は、球と立方体がその人の触覚をどのように触発する〔刺激する〕かについての経験は持っているが、自分の触覚をかくかくの仕方で触発する〔刺激する〕ものが自分の視覚をしかじかの仕方で触発する〔刺激する〕という経験、つまり自分の手を不均等に圧迫した立方体のとがった角《かど》が、自分の目にはこのように

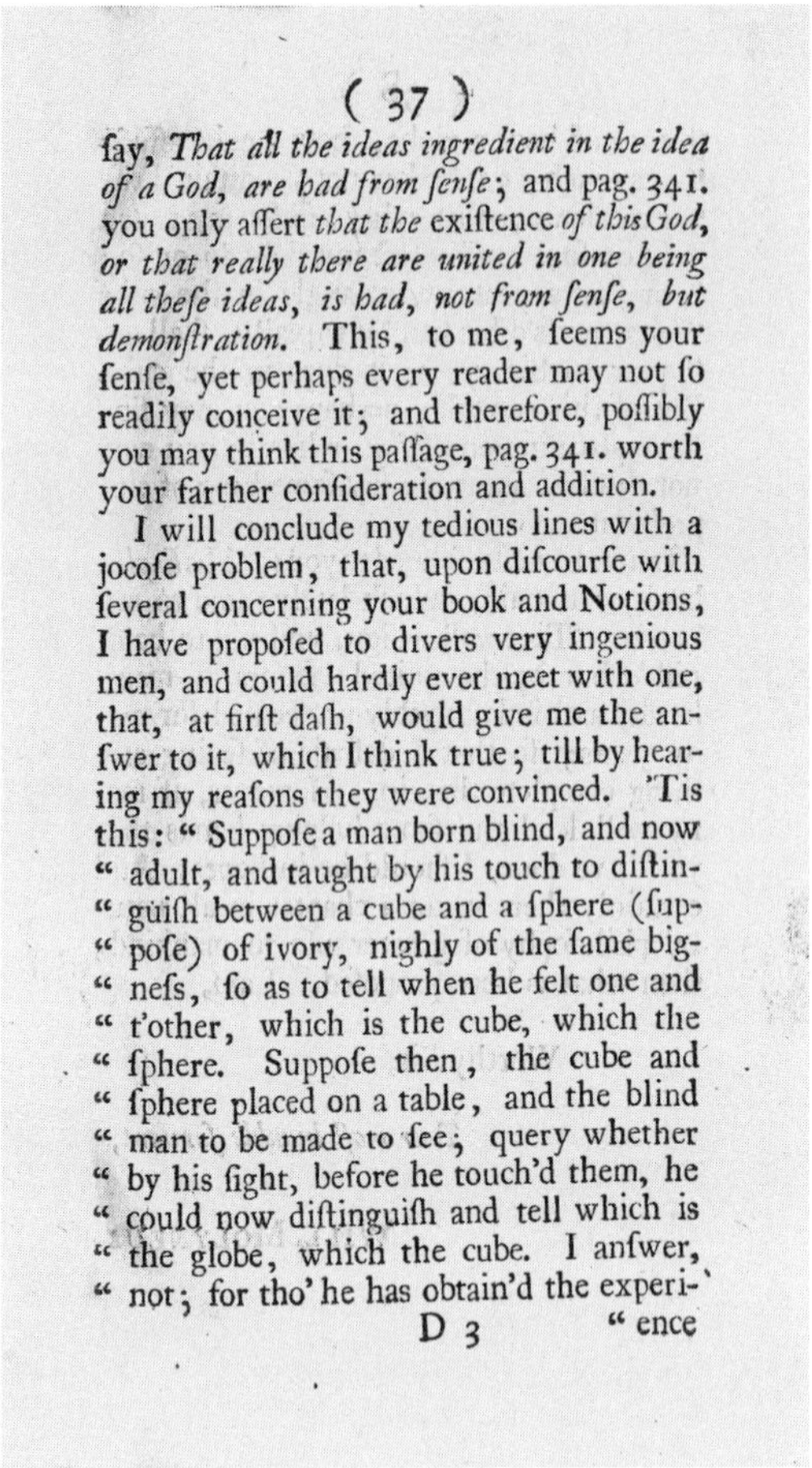

(37)

ſay, *That all the ideas ingredient in the idea of a God, are had from ſenſe*; and pag. 341. you only aſſert *that the* exiſtence *of this God, or that really there are united in one being all theſe ideas, is had, not from ſenſe, but demonſtration.* This, to me, ſeems your ſenſe, yet perhaps every reader may not ſo readily conceive it; and therefore, poſſibly you may think this paſſage, pag. 341. worth your farther conſideration and addition.

I will conclude my tedious lines with a jocoſe problem, that, upon diſcourſe with ſeveral concerning your book and Notions, I have propoſed to divers very ingenious men, and could hardly ever meet with one, that, at firſt daſh, would give me the anſwer to it, which I think true; till by hearing my reaſons they were convinced. 'Tis this: " Suppoſe a man born blind, and now
" adult, and taught by his touch to diſtin-
" guiſh between a cube and a ſphere (ſup-
" poſe) of ivory, nighly of the ſame big-
" neſs, ſo as to tell when he felt one and
" t'other, which is the cube, which the
" ſphere. Suppoſe then, the cube and
" ſphere placed on a table, and the blind
" man to be made to ſee; query whether
" by his ſight, before he touch'd them, he
" could now diſtinguiſh and tell which is
" the globe, which the cube. I anſwer,
" not; for tho' he has obtain'd the experi-

D 3 " ence

1693年3月2日付けのモリニューからロックへの手紙の中の、「モリニュー問題」が提示された箇所（*Some Familiar Letters between Mr. LOCKE, and Several of his Friends*［London: Awnsham and John Churchill, 1708］, p. 37）

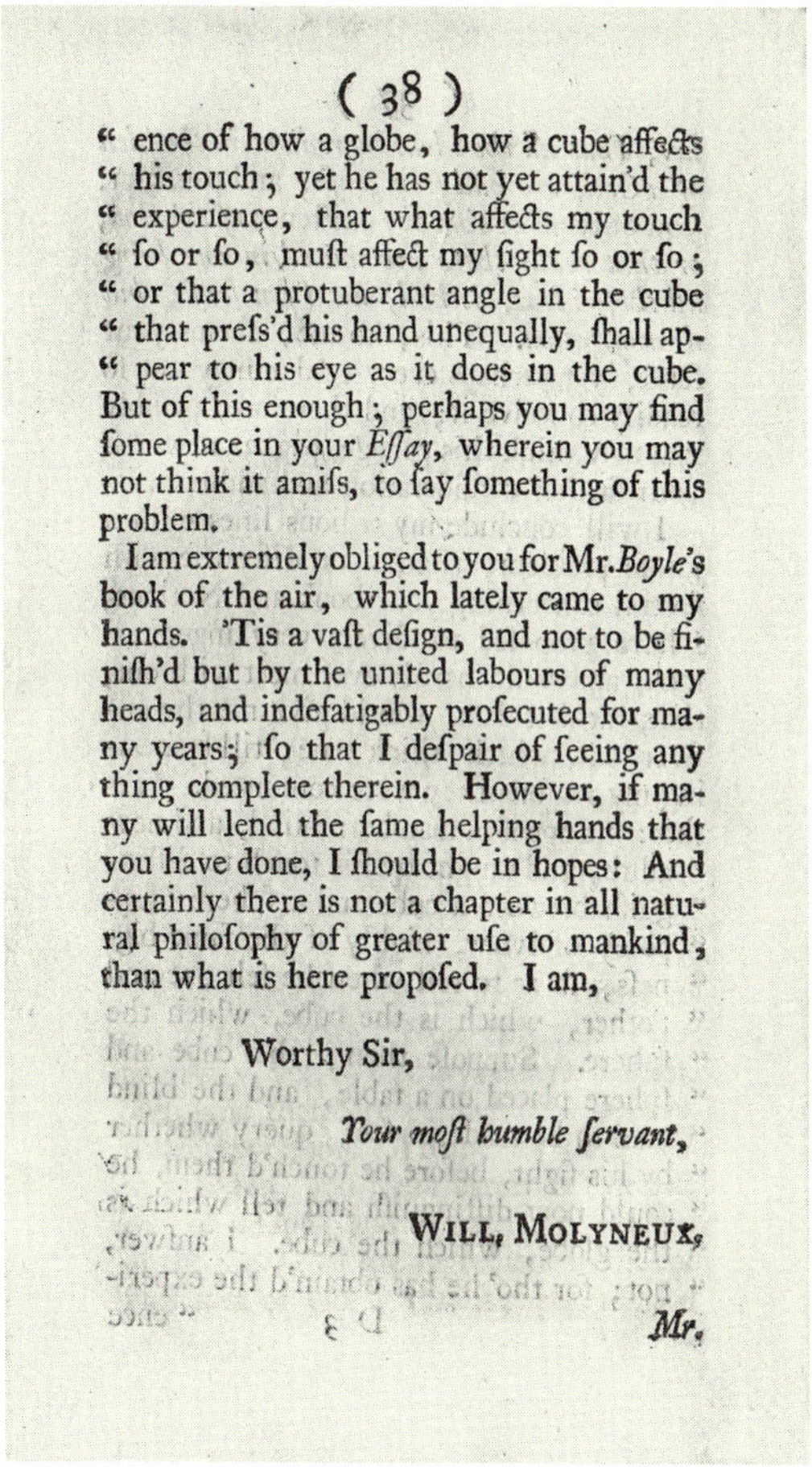

(38)

" ence of how a globe, how a cube affects
" his touch; yet he has not yet attain'd the
" experience, that what affects my touch
" ſo or ſo, muſt affect my ſight ſo or ſo;
" or that a protuberant angle in the cube
" that preſs'd his hand unequally, ſhall ap-
" pear to his eye as it does in the cube.
But of this enough; perhaps you may find ſome place in your *Eſſay*, wherein you may not think it amiſs, to ſay ſomething of this problem.

I am extremely obliged to you for Mr. *Boyle's* book of the air, which lately came to my hands. 'Tis a vaſt deſign, and not to be finiſh'd but by the united labours of many heads, and indefatigably proſecuted for many years; ſo that I deſpair of ſeeing any thing complete therein. However, if many will lend the ſame helping hands that you have done, I ſhould be in hopes: And certainly there is not a chapter in all natural philoſophy of greater uſe to mankind, than what is here propoſed. I am,

Worthy Sir,

Your moſt humble ſervant,

WILL. MOLYNEUX.

Mr.

1693 年 3 月 2 日付けのモリニューからロックへの手紙の中の、「モリニュー問題」が提示された箇所の続き（*Some Familiar Letters between Mr. LOCKE, and Several of his Friends* [London: Awnsham and John Churchill, 1708], p. 38）

見えるという経験を、まだ持ってはいないからである。」友と呼べることを誇りに思うこの思慮深い紳士の、この問題に対する答え〔……〕に、私は賛同する。[35]

この「モリニュー問題」は、以後さまざまな科学者の関心を引くことになる。

ロックがモリニュー問題を紹介したのは、『人間知性論』の「知覚について」の章の、第二版での加筆部分においてであるが、ロックはもともとこの「知覚について」の章において、次のような議論を行っていた。

> 感覚によって受け取る観念は、成人ではしばしば判断によって変更されるが、われわれはこれに気づかない。ある一様な色の、例えば金とか雪花石膏とか黒玉とかの丸い球をわれわれの目の前に置いたとき、それによってわれわれの心に刻印される観念が、われわれの目の前にやってくるさまざまな度合いの明るさと輝きで多様に陰影づけられた平らな円の観念であることは確かである。しかし、われわれは、凸面体がどのような種類の見かけをわれわれに示しがちであるか、物体の感覚しうる形が異なれば光の反射がどのように違ってくるかをつねづね知覚し慣れているので、判断はすぐ習慣によってその見かけをそれらの原因へと変更し、本当は多様な陰影や色であるものから形を推測してその多様な陰影や色を形の印として通用させ、凸面形と一様な色の知覚を形成する。ところが、それからわれわれが受け取る観念は、絵の場合に明らかなように、多様に彩られた平面にすぎないのである。[36]

「感覚によって受け取る観念は、成人ではしばしば判断によって変更されるが、われわれはこれに気づかない」とロックは言う。われわれが感覚しているものは、実はしばしば判断の影響を受けている、というのである。例えば、一様な色の球を見るとき、われわれに実際に見えているのは、「われわれの目の前にやってくるさまざまな度合いの明るさと輝きで多様に陰影づけられた平らな円」であるが、われわれは「凸面体がどのような種類の見かけをわれわれに示しがちであるか、物体の感覚しうる形が異なれば光の反射がどのように違ってくるかをつねづね知覚し慣れているので」、判断が、見かけを変更して、「凸面形と一様な色の知覚を形成する」。

ここでロックが「印」（mark）という言葉を使用していることにも、注意が必要である。当時網膜が曲面ではあるものの二次元的データを受け取るものと考えられていて、そのため、球を見ている場合、実際に見えているのはさまざまに陰影づけられた平らな円であるが、それが「印」、言い換えればある種の「記号」となって、すでに蓄積された別の情報を呼び起こし、われわれは本当の見かけとは異なる物の見方（つまり球として立体視する見方）をするというのである。

ロックのこの見解は、要するに、視覚の場合、それは触覚的経験の影響を受けているとするものである。触ってこのような形をしているとわかるものが、見たときにはどのように見えるのか。この触覚情報と視覚情報のつながりをわれわれは多様に経験しているため、見ただけで、視覚情報がいわば記号として働いて触覚情報を呼び起こし、実際に触っていないのに視覚情報に修正が加えられ、立体視と、立体の区別が可能となっている。これが、ロックの発言の趣旨である。

ロックはまた、それに続く節で、次のように述べている。

しかし、私の考えでは、これはわれわれの観念のどれにおいてもよくあることではなく、視覚によって受け取られる観念に限られている。なぜなら、視覚はわれわれのすべての感官のうち最も包括的で、その感官にのみ特有な光と色の観念をわれわれの心にもたらすが、また空間、形、運動という非常に異なる観念をももたらす。そして、空間、形、運動のさまざまなあり方は、その固有の対象である光と色の見かけを変化させるので、われわれは習性により、後者によって前者を判断するようになる。このことは、多くの場合、われわれが頻繁に経験するものにおいては、固定した習慣によって恒常的かつ迅速に行われるので、われわれは、自分たちの判断によって形成される観念を自分たちの感覚の知覚とみなし、一方すなわち感覚のそれはただ他方を喚起するのに役立つだけで、それ自身はほとんど気づかれないのである。(37)

ロックのこの考察は、きわめて現代風とも言えるものであるが、もとより、当時としても、多くの注目を集めることになった。これに注目した人の一人が、バークリである。彼は、ダブリンのトリニティー・コレッジ（アイルランドなので、「コレッジ」にしておく）の出身であるが、このトリニティー・コレッジは、ウィリアム・モリニューの母校でもあり、モリニューは自分の母校に、ロックの『人間知性論』を研究するよう勧めていた。そうした経緯もあって、バークリはロックの『人間知性論』に親しむことになり、ロックとモリニューの見解は、バークリにも大きな影響を与えることになる。

バークリは、二〇〇〇代半ばに相次いで出版した三冊の本の一つ目、『視覚に関する新たな理論に向けての試論』（一七〇九年）の中でモリニュー問題に言及するが[38]、ここでは、彼が一七三二年に出版した『アルシフロン』を取り上げておこう。

『アルシフロン』は対話篇になっている。当面の話題との関係で重要なのは、「第四対話」である。その中でバークリは、視覚それ自体は見ている当人から対象までの距離を知覚させるものではないとする。そして、対象との距離は本来主として触覚によって知られるものだとした上で、離れたところにある対象は小さく見えたりかすんで見えたりするという経験を重ねると、われわれは見ただけで距離がわかるようになる、と論じる。

こうした議論に続けて、バークリは、自身の代弁者である登場人物の一人に、次のように語らせる。

> 生まれつき目が見えず、のちに目が見えるようになった人は、はじめて見えるようになったとき、見えるものが自分から離れたところにあるとは思わず、自分の目の中に、あるいは自分の心の中にあると思うということが帰結しないか。[39]

バークリの議論があのモリニュー問題の応用編であり、ロックやモリニューの考え方が、ここでは見る人と見られている対象との距離の認識に向けられていることが、理解されるであろう。

実際、この箇所のあとで、バークリは自分の分身に次のように語らせている。

およそ、視覚の本来の対象は、多様な色合いや度合いを持つ光と色であると見られる。それらはみな、無限に多様化され組み合わされて、触覚的対象の距離や形や位置や大きさやさまざまな性質をわれわれに示唆し示すのに驚くほど適した言語を形成する。その示唆は、類似性によってではなく、必然的結合の推論によってでもなく、言葉が表示するものを言葉が示唆するのとちょうど同じように、神の恣意的強制によって行われる。(40)

見られるとおり、バークリにとって、「視覚の本来の対象」は「多様な色合いや度合いを持つ光と色」にすぎないが、これが触覚情報と記号的につながって、「触覚的対象の距離や形や位置や大きさやさまざまな性質をわれわれに示唆し示す」と言う。

因みに、モリニュー問題は、単に理論上の考察対象となったにすぎないものではけっしてなく、カントの時代には、先天性白内障の手術の事例がすでに知られていた。それは、イギリスの外科医、ウィリアム・チェセルデン（William Chesselden, 1688–1752）によるものである。彼は、一七二八年に、生来の白内障によって目の見えなかった一三歳の少年の水晶体を切除し、視力を回復させることに成功した。チェセルデンは、そのときのことを、次のように記している。

彼がはじめて目が見えるようになったとき、彼は距離についてまったく判断ができず、（彼の表現によれば）彼が触る物が彼の皮膚に接触しているのと同じように、どんな対象もみな、目に接触し

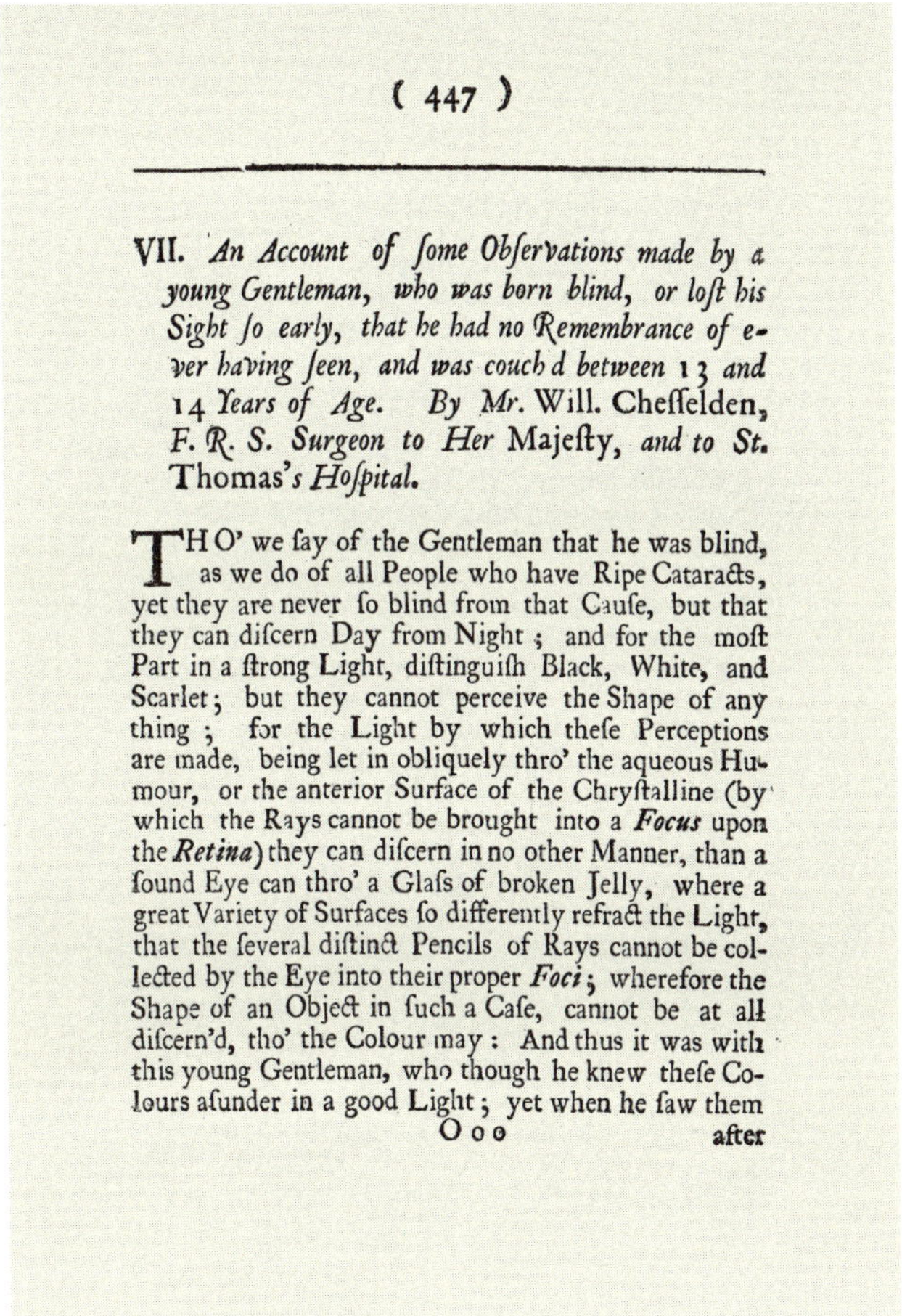

(447)

VII. *An Account of ſome Obſervations made by a young Gentleman, who was born blind, or loſt his Sight ſo early, that he had no Remembrance of ever having ſeen, and was couch'd between* 13 *and* 14 *Years of Age. By Mr.* Will. Cheſſelden, *F. R. S. Surgeon to Her* Majeſty, *and to St.* Thomas's *Hoſpital.*

THO' we ſay of the Gentleman that he was blind, as we do of all People who have Ripe Cataracts, yet they are never ſo blind from that Cauſe, but that they can diſcern Day from Night ; and for the moſt Part in a ſtrong Light, diſtinguiſh Black, White, and Scarlet ; but they cannot perceive the Shape of any thing ; for the Light by which theſe Perceptions are made, being let in obliquely thro' the aqueous Humour, or the anterior Surface of the Chryſtalline (by which the Rays cannot be brought into a ***Focus*** upon the ***Retina***) they can diſcern in no other Manner, than a ſound Eye can thro' a Glaſs of broken Jelly, where a great Variety of Surfaces ſo differently refract the Light, that the ſeveral diſtinct Pencils of Rays cannot be collected by the Eye into their proper ***Foci*** ; wherefore the Shape of an Object in ſuch a Caſe, cannot be at all diſcern'd, tho' the Colour may : And thus it was with this young Gentleman, who though he knew theſe Colours aſunder in a good Light ; yet when he ſaw them

Ooo　　　after

チェセルデンによる白内障手術の報告（1728年）の最初のページ（*Philosophical Transactions*, 35［1728］, p. 447）

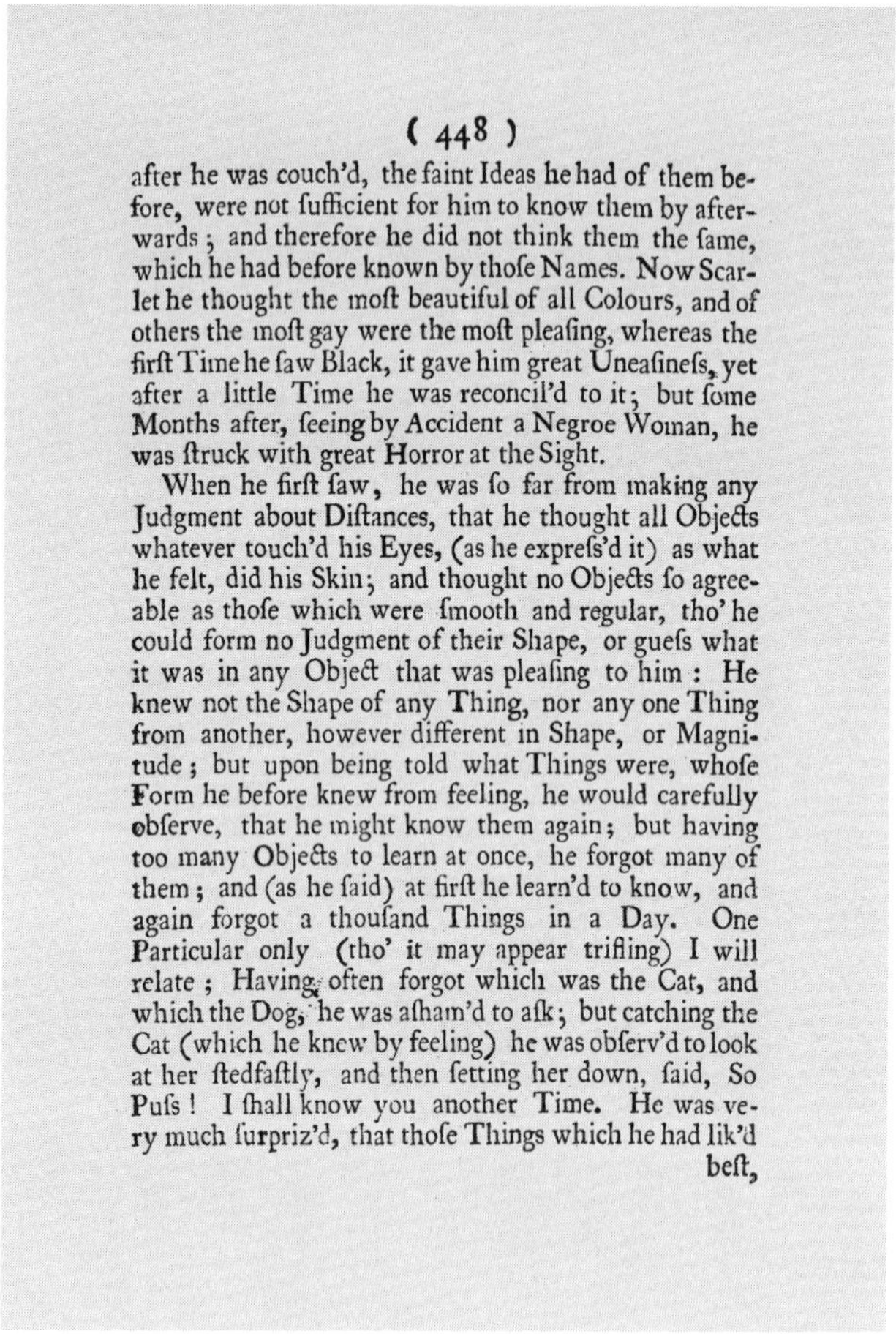

(448)

after he was couch'd, the faint Ideas he had of them before, were not ſufficient for him to know them by afterwards; and therefore he did not think them the ſame, which he had before known by thoſe Names. Now Scarlet he thought the moſt beautiful of all Colours, and of others the moſt gay were the moſt pleaſing, whereas the firſt Time he ſaw Black, it gave him great Uneaſineſs, yet after a little Time he was reconcil'd to it; but ſome Months after, ſeeing by Accident a Negroe Woman, he was ſtruck with great Horror at the Sight.

When he firſt ſaw, he was ſo far from making any Judgment about Diſtances, that he thought all Objects whatever touch'd his Eyes, (as he expreſs'd it) as what he felt, did his Skin; and thought no Objects ſo agreeable as thoſe which were ſmooth and regular, tho' he could form no Judgment of their Shape, or gueſs what it was in any Object that was pleaſing to him: He knew not the Shape of any Thing, nor any one Thing from another, however different in Shape, or Magnitude; but upon being told what Things were, whoſe Form he before knew from feeling, he would carefully obſerve, that he might know them again; but having too many Objects to learn at once, he forgot many of them; and (as he ſaid) at firſt he learn'd to know, and again forgot a thouſand Things in a Day. One Particular only (tho' it may appear trifling) I will relate; Having often forgot which was the Cat, and which the Dog, he was aſham'd to aſk; but catching the Cat (which he knew by feeling) he was obſerv'd to look at her ſtedfaſtly, and then ſetting her down, ſaid, So Puſs! I ſhall know you another Time. He was very much ſurpriz'd, that thoſe Things which he had lik'd

beſt,

チェセルデンによる白内障手術の報告（1728年）の2ページ目（*Philosophical Transactions*, 35［1728］, p. 448）　本文中の引用は、このページの2段落目からのものである。

ているように思った。〔また、〕彼は対象の形を判断することができなかった(41)。

11　空間再考、そして、残された問題

重要なのは、ロックもモリニューもバークリも、視覚において物は最初から三次元的に現れるとは考えていないという点である。三次元的なのは、触覚においてである。そして、視覚情報が触覚情報と結びつくことによって、見るだけで奥行きや距離がわかるようになるというのである。もしこの見解がその基本において正しいとすると、カントが「超越論的感性論」で扱っている空間はどのような空間なのか。もしそれが最初から三次元的なものだとするのであれば、それは触覚的空間であると言わなければならないであろう。また、そうではないと言うのであれば、そして、ロックたちの考え方を踏襲するのであれば、視覚情報と触覚情報の結びつきを「経験」から獲得するというプロセスをカントは認めなければならないであろう。だが、これでは、空間はアプリオリな、純粋な直観形式だと言って済ませるわけにはいかなくなる。というのも、カントの空間の扱いは、多分に視覚的なそれと見られるばかりか、それでは空間が「感性の主観的条件」であるという彼の主張が、いったいどの感覚機能について言えることなのかという基本的な問題に答えなければならなくなるし、しかも、当然ながら、視覚情報と触覚情報の記号関係的結合が成立するために不可欠の「経験」の役割と、空間をアプリオリなものとしたいという自らの意図とをどう折り合わせるかという、さらに重大な問題を抱え込むことになるからである。

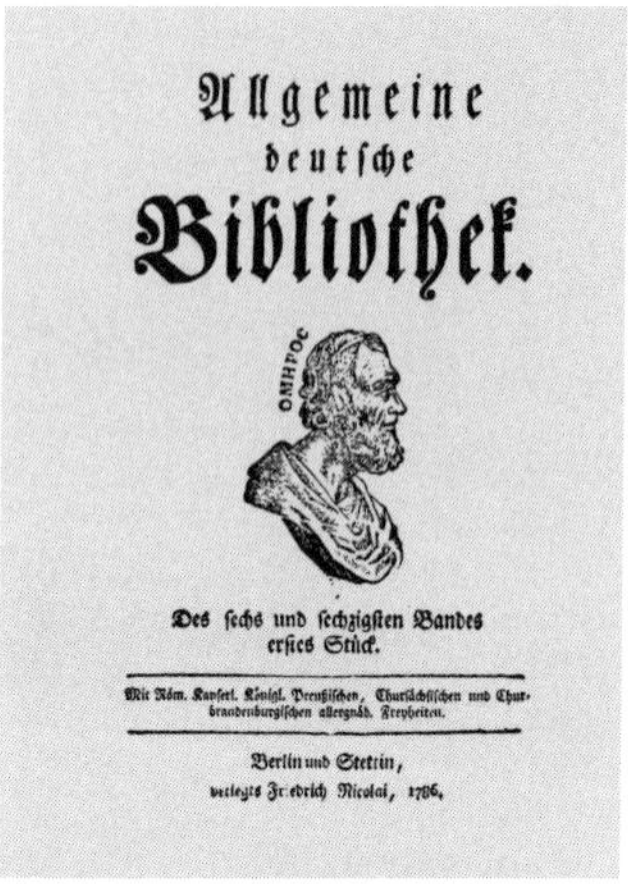
Allgemeine
deutsche
Bibliothek.

ΟΜΗΡΟΣ

Des sechs und sechzigsten Bandes
erstes Stück.

Mit Röm. Kayserl. Königl. Preußischen, Churfächsischen und Chur-
brandenburgischen allergnäd. Freyheiten.

Berlin und Stettin,
verlegts Friedrich Nicolai, 1786.

ピストーリウスの批評が掲載された *Allgemeine deutsche Bibliothek* 第 66 巻第 1 篇（1786 年）の扉

カントのこの問題は、『純粋理性批判』の初期の批評の中で、すでに指摘されている。

ヘルマン・アンドレアス・ピストーリウス（Hermann Andreas Pistorius, 1730–1798）は、ヨーハン・フリードリッヒ・シュルツ（Johann Friedrich Schultz, 1739–1805）が一七八四年に出版したカント哲学の解説書（Johann Friedrich Schultz, *Erläuterungen über des Herrn Professor Kant Critik der reinen Vernunft* [Königsberg: Carl Gottlob Dengel, 1784]）についての批評の中で、次のように述べている。

もしわれわれが、生まれつき目が見えない人々が空間をどのように考えるかを厳密に知るなら〔……〕、この曖昧な問題に対して若干の光を投じることになるであろう。空間の表象になんらかの経験的なものが混入していることは、あの有名なチェセルデンの手術を受けた、生まれつき目の見えない人について言われている次のような事情から明らかであると、私には思われる。すなわち、目が見えるようになったあと、その人にはまるであらゆる視覚的対象が直接彼の目のところにあり、目に触れているかのように見えたのである。したがって、彼は、距離も、ましてや距離の大きさもわからず、生得幾何学（angebohrne Geometrie）とでも言うべきものを持ってはいなかったのであ

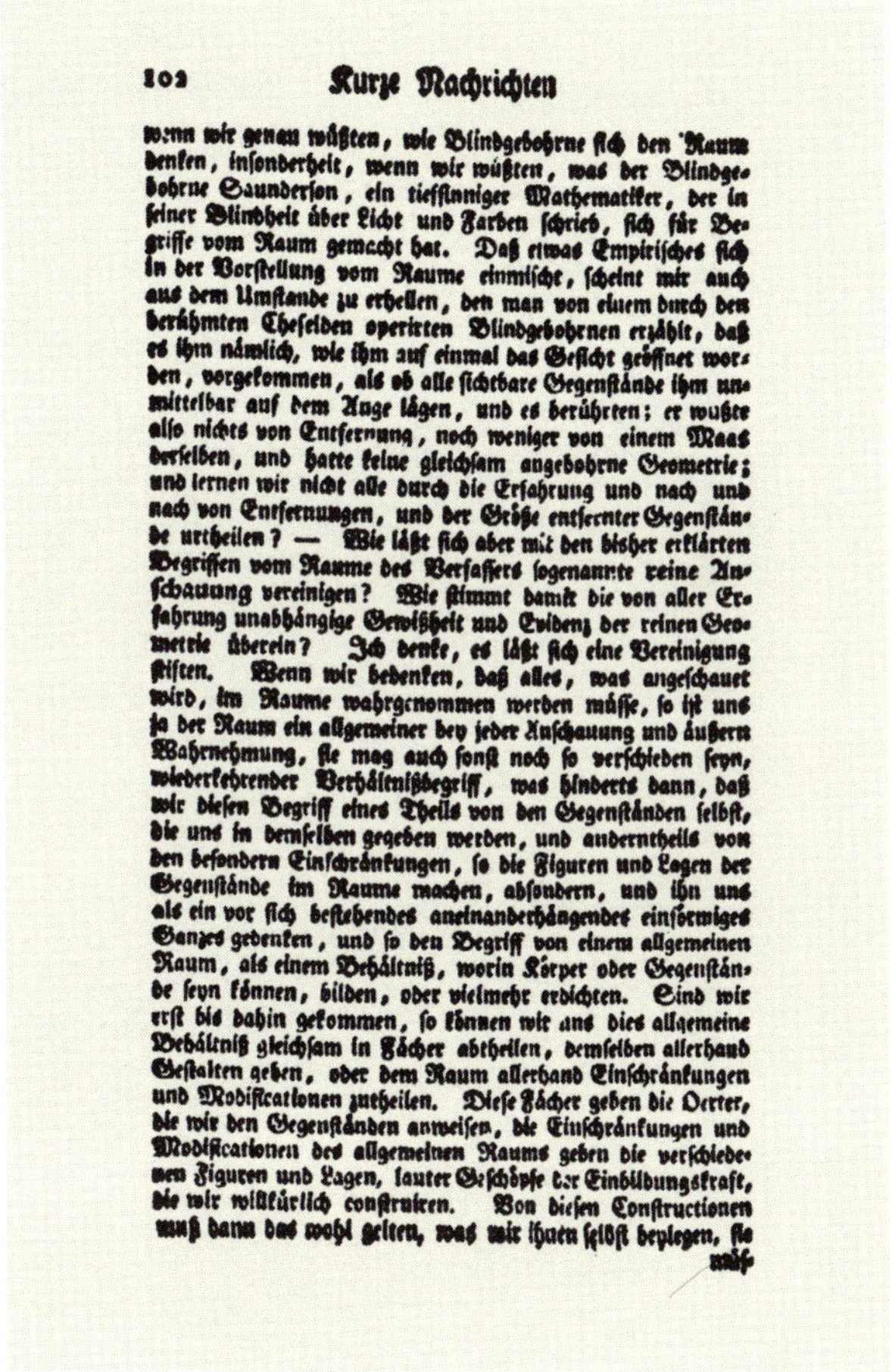

102 Kurze Nachrichten

wenn wir genau wüßten, wie Blindgebohrne sich den Raum denken, insonderheit, wenn wir wüßten, was der Blindgebohrne Saunderson, ein tiefsinniger Mathematiker, der in seiner Blindheit über Licht und Farben schrieb, sich für Begriffe vom Raum gemacht hat. Daß etwas Empirisches sich in der Vorstellung vom Raume einmische, scheint mir auch aus dem Umstande zu erhellen, den man von einem durch den berühmten Cheselden operirten Blindgebohrnen erzählt, daß es ihm nämlich, wie ihm auf einmal das Gesicht geöffnet worden, vorgekommen, als ob alle sichtbare Gegenstände ihm unmittelbar auf dem Auge lägen, und es berührten; er wußte also nichts von Entfernung, noch weniger von einem Maas derselben, und hatte keine gleichsam angebohrne Geometrie; und lernen wir nicht alle durch die Erfahrung und nach und nach von Entfernungen, und der Größe entfernter Gegenstände urtheilen? — Wie läßt sich aber mit den bisher erklärten Begriffen vom Raume des Verfassers sogenannte reine Anschauung vereinigen? Wie stimmt damit die von aller Erfahrung unabhängige Gewißheit und Evidenz der reinen Geometrie überein? Ich denke, es läßt sich eine Vereinigung stiften. Wenn wir bedenken, daß alles, was angeschauet wird, im Raume wahrgenommen werden müsse, so ist uns ja der Raum ein allgemeiner bey jeder Anschauung und äußern Wahrnehmung, sie mag auch sonst noch so verschieden seyn, wiederkehrender Verhältnißbegriff, was hinderts dann, daß wir diesen Begriff eines Theils von den Gegenständen selbst, die uns in demselben gegeben werden, und anderntheils von den besondern Einschränkungen, so die Figuren und Lagen der Gegenstände im Raume machen, absondern, und ihn uns als ein vor sich bestehendes aneinanderhängendes einförmiges Ganzes gedenken, und so den Begriff von einem allgemeinen Raum, als einem Behältniß, worin Körper oder Gegenstände seyn können, bilden, oder vielmehr erdichten. Sind wir erst bis dahin gekommen, so können wir uns dies allgemeine Behältniß gleichsam in Fächer abtheilen, demselben allerhand Gestalten geben, oder dem Raum allerhand Einschränkungen und Modificationen zutheilen. Diese Fächer geben die Oerter, die wir den Gegenständen anweisen, die Einschränkungen und Modificationen des allgemeinen Raums geben die verschiedenen Figuren und Lagen, lauter Geschöpfe der Einbildungskraft, die wir willkürlich construiren. Von diesen Constructionen muß dann das wohl gelten, was wir ihnen selbst beylegen, sie

müs-

ピストーリウスの批評が掲載された*Allgemeine deutsche Bibliothek* 第66巻第1篇（1786年）の102ページ　上から8行目のところに、チェセルデン（ここではCheseldenとなっている）の名前を見ることができる。

る。(42)

カントが空間を、もともとわれわれの感覚能力の中に組み込まれているとしたのに対して、それならチェセルデンの報告にあるようなケースをどう理解すればいいのかと、ピストーリウスは問題提起をしているのである。

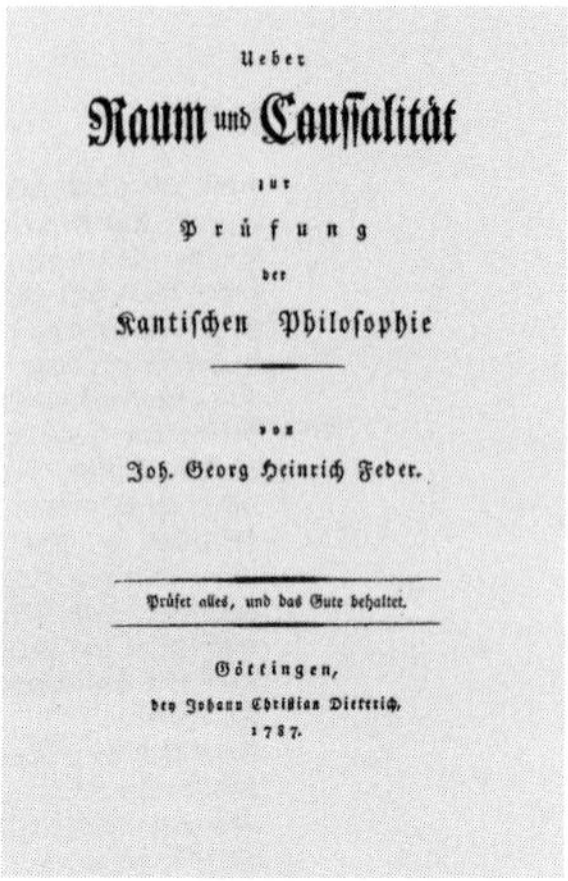
Ueber

Raum und Caussalität

zur

Prüfung

der

Kantischen Philosophie

von

Joh. Georg Heinrich Feder.

Prüfet alles, und das Gute behaltet.

Göttingen,

bey Johann Christian Dieterich,

1787.

フェーダー『空間と因果性について——カント哲学の吟味のために』（1787年）の扉

また、ヨーハン・ゲオルク・ハインリッヒ・フェーダー（Johann Georg Heinrich Feder, 1740–1821）は、一七八七年に出版した『空間と因果性について——カント哲学の吟味のために』（Johann Georg Heinrich Feder, *Über Raum und Kausalität zur Prüfung der Kantischen Philosophie* [Göttingen: Johann Christian Dieterich, 1787]）の中で、次のように述べている。

> 生まれつき目の見えない人の空間の表象が、他の人々の〔空間の〕表象とどれほど違っているかという問いは、私の記憶するところでは、カントの『純粋理性批判』においては論じられていない。にもかかわらず、この問いは、この表象の基礎を研究する際には、至極当然のものであり、かつ重要な問いであると思われる。
>
> しかし、生まれつき目が見えない人たちは、見えるようになる以前には、〔空間という〕この表現

によってわれわれ他の者が今思い浮かべるのと同じ空間の表象をまったく持っていないということが、彼らについてなされた最善の観察から知られている。この表象が、実際に見えるようになる以前から、生まれつき目の見えない人の心の中にあったとすれば、見えるようになったときに、これまで触知していた球と立方体を、なぜその人はすぐにそれとはわからないのか、あるいは、その人にはなぜ視覚の対象がはじめ目に触れているように見えるのか、そして、その人が物体の距離や嵩や位置を見るようになるまでに、言い換えれば、それらが見ただけでわかるようになるまでに、なぜあれほど時間がかかるのかが、理解できないことになる。(43)

フェーダーはここでチェセルデンの名前を挙げてはいないものの、「彼らについてなされた最善の観察」という言葉は、まず間違いなく、チェセルデンのそれを表している。カントもまた、こうしたロック以来のモリニュー問題と、チェセルデンの報告を知っていた。そのため、カントを解釈する上で、カントが『純粋理性批判』でなぜそれを取り上げずに空間をアプリオリな純粋直観としたかが、議論の的となるのである。

結局のところ、空間をアプリオリに感性に備わった形式であるとするカントの説は、当時のイギリス哲学の一連の議論と比較するとき、そこで扱われていた問題を回避した（あるいは無視した）、かなりシンプルなものであったと言わざるをえない。しかも、先ほどの、空間をアプリオリな形式とすることと、「多様なもの」についての考えとの間に、どう折り合いをつけるかの問題を残している。

先に触れたように、カントの「多様なもの」と知性（もしくは想像力）によるその「結合」の考えは、ロックの（あるいは、ここでは論じないが、特に第一版においてはそれに加えてヒュームの）「単純観念」と「複合観念」の考えを、カントなりの仕方で反映したものに見える。ロックの場合、単純観念は基本的に「経験」によって与えられ、知性はこれを結合したり比較したりして複合観念を作る。そして、こうして得られた観念を比較し、その一致・不一致を知覚することによって知識が得られるというのが、ロックの基本的観念観・知識観であった。もしカントが「分析判断」、「総合判断」の区別同様[44]、ロックに見られるこうした考え方から示唆を受けて、「多様なもの」とその「結合」による認識の形成という基本的な考え方を得たとしたら、ある複合観念は外的「原型」を持つ——つまり、結合した観念群を最初から経験の中に有する——というロックの知見に対して、カントはどう答えるであろうか。ロックの単純観念は、必ずしも最初から単純なままで与えられているわけではなく、「識別」という心の働きによって複合的なものが分解されて得られるというプロセスがあることを考えれば、「多様なもの」についてほとんど説明をせず、また、「結合」（総合）についても詳細な考察をしているとは必ずしも言えないカントの議論の実際をどう評価するか、問題はまだまだ残されたままである[45]。

注

第1章

（1）Immanuel Kant, *Prolegomena zu einer jeden künftigen Metaphysik, die als Wissenschaft wird auftreten können*, in *Kant's gesammelte Schriften* (Berlin: Georg Reimer/Walter de Gruyter, 1900–), iv. Vorwort, p. 260. また、それに先行する数段落前の箇所では、カントは次のように述べている。「ロックとライプニッツの『試論』以来、あるいはむしろ形而上学の成立以来、その歴史の及ぶ限り、この学問の運命に関して、デイヴィッド・ヒュームがそれに加えた攻撃ほど決定的となりえた出来事はなかった。彼はこの種の認識にいかなる光ももたらさなかったが、それでも彼は一つの火花を打ち出した。その火花は、もし燃えやすい火口に当たり、そのかすかな光が注意深く保たれ強められたなら、おそらくは明かりを点すことができるものであった」(Ibid., Vorwort, p. 257)。この件については、また、冨田『カント哲学の奇妙な歪み——『純粋理性批判』を読む』（岩波現代全書、二〇一七年）九六ページ以下、および、冨田『カント入門講義——超越論的観念論のロジック』（ちくま学芸文庫、二〇一七年）第5章「「独断のまどろみ」から醒めて」を参照されたい。

（2）Immanuel Kant, *Über eine Entdeckung, nach der alle neue Kritik der reinen Vernunft durch eine ältere entbehrlich gemacht werden soll*, in *Kant's gesammelte Schriften*, viii. p. 250.

（3）もとより、カントの「独断のまどろみ」からのヒュームによる覚醒については、通常、カントの当初の「独断論」的立場に対して、ヒュームの「懐疑論」がそれを破壊する役割を担い、「批判」的立場への移行に貢献したとされている。また、カントは一七九八年九月二一日付けのクリスティアン・ガルフェ（Christian Garve, 1742–1798）への手紙の中で、自身の「独断のまどろみ」を醒まさせたのは、「二律背反」（Antinomie）の問題であると言い（*Briefuechsel, 1795–1803*, in *Kant's gesammelte Schriften*, xii. [II/3], Brief 820, An Christian Garve, pp. 256–258 at pp. 257–258）、カントによるこれら二つの「独断のまどろみ」からの覚醒の説明をどう解釈するかについて、議論のあるところではあるが、以下では、当時の思想的文脈の中で、カントが『プロレゴーメナ』で行った説明が何を意味するかに焦点を合わせる。なお、カントの「独断のまどろみ」からの覚醒についての文献としては、比較的最近のものを挙げるなら次のものが参考になるであろう。James Van Cleve, *Problems from Kant* (New York and Oxford: Oxford University Press, 1999), pp. 30 ff.; Michael N. Forster, *Kant and Skepticism* (Princeton and Oxford: Princeton University Press, 2008), pp. 14 ff.; Abraham Anderson, 'The Objection of David Hume', in Pablo Muchnik (ed.), *Rethinking Kant: Volume 2* (Newcastle upon Tyne: Cambridge Scholars Publishing, 2010), pp. 81–120.

（4）Kant, *Prolegomena zu einer jeden künftigen Metaphysik, die als Wissenschaft wird auftreten können*, Vorwort, pp. 257–258.

（5）Ibid., Vorwort, pp. 258–259 参照。「原因の概念が正当で役に立ち、全自然認識にとって欠くことのできないものであるかどうかは、問題ではなかった。というのも、ヒュームはこれをけっして疑問視しなかったからである。問題は、原因の概念が理性によってアプリオリに思考され、そのような仕方であらゆる経験から独立した内的真理性を持ち、したがって経験の対象だけに限定されないもっと広範な有用性を持つかどうかである。ヒュームはこの問題が解明されることを期待した。問題はただこの概念の起源が何であるかであって、この概念の使用が不可欠であるかどうかではなかった」とカントは言う。

（6） David Hume, *A Treatise of Human Nature*, ed. David Fate Norton and Mary J. Norton, 2 vols. (Oxford: Oxford University Press, 2007), i. 1. 3. 2, p. 55.
（7） Ibid., i. 1. 3. 6, p. 61.
（8） Ibid., i. 1. 3. 11, p. 88.
（9） この件については、冨田『カント哲学の奇妙な歪み』七四ページ以下、もしくは、『カント入門講義』七九ページ以下を参照されたい。
（10） David Hume, *Enquiries Concerning Human Understanding and Concerning the Principles of Morals*, ed. L. A. Selby-Bigge and P. H. Nidditch (3rd edn., Oxford: Oxford University Press, 1975), 'An Enquiry Concerning Human Understanding', Sect. VII, Part I, 50, p. 63 (German edn. [1755], p. 154).
（11） Ibid. (German edn. [1755], p. 155).
（12） Ibid., Sect. VII, Part II, 59, p. 75 (German edn. [1755], pp. 175–176).
（13） Hume, *A Treatise of Human Nature*, i. 1. 1. 1, p. 7.
（14） デカルトの「観念」の用法については、冨田「「観念」の論理再考——デカルトにおける形而上学と自然学との間」『人間存在論』第一号、一九九五年、一一一～一二二ページ（冨田『アメリカ言語哲学入門』〔ちくま学芸文庫、二〇〇七年〕第Ⅲ部「近代観念説と現代アメリカ哲学」に、第七章「デカルトにおける形而上学と自然学との間——「観念」の自然主義的論理空間」として収載）、Yasuhiko Tomida, 'Yolton on Cartesian Images', in Tadashi Ogawa, Michael Lazarin, and Guido Rappe (eds.), *Interkulturelle Philosophie und Phänomenologie in Japan: Beiträge zum Gespräch über Grenzen hinweg* (München: Iudicium, 1998), pp. 105–111; Yasuhiko Tomida, 'Descartes, Locke, and "Direct Realism"', in Stephen Gaukroger, John Schuster, and John Sutton (eds.), *Descartes' Natural Philosophy* (London: Routledge, 2000), pp. 569–575を参照。また、ロックの「観念」の用法については、冨田『観念説の謎解き——ロックとバークリをめぐる誤読の論理』（世界思想社、二〇〇六年）

第2章および第3章、Yasuhiko Tomida, *Locke, Berkeley, Kant: From a Naturalistic Point of View* (Hildesheim, Zürich, and New York: Georg Olms, 2012; 2nd edn., revised and enlarged, 2015), Chs. 3–5; 冨田『ロック入門講義――イギリス経験論の原点』（ちくま学芸文庫、二〇一七年）第4章および第5章を参照されたい。要点は、デカルトもロックも、感覚や心像を観念の一種としながらも、いわゆる「概念」を「観念」として多々扱っており、この「概念」としての観念がデカルトとロックの議論においてとりわけ重要な役割を果たしているということにある。

(15) ヒュームは「観念」の用法をこのように変更することを、次のように説明している。「私はここで「印象」と「観念」というこれらの言葉を通常とは異なる意味で用いるが、こうした勝手な振る舞いはお許しいただけると思う。ロック氏は「観念」という言葉によってわれわれの知覚のすべてを表すようにし、それによってその言葉をその本来の意味から逸脱させることになったが、私はおそらくむしろその言葉を本来の意味に戻しているのである」(Hume, *A Treatise of Human Nature*, i. 1. 1, n. 2, p. 7)。だが、ヒュームの言うその言葉の「本来の意味」とは何なのか。ヒュームが使っている英語の idea（観念）は、ラテン語の idea を経由してギリシャ語の ἰδέα にまで遡るが、もしヒュームがプラトンの ἰδέα の用法を念頭に「本来の意味」と言っているのであれば、ヒュームがそれと自分の「観念」の用法とを同一視することが途方もない誤りであるのはもとより、ラテン語の idea を近代的な仕方で使用したデカルトや、その用法を継承したロックを見れば、ヒュームのこの物言いがいかに事実を反映しないものであるかは一目瞭然である。要するに、ヒュームは感覚や感情やそれらの心像のみを「知覚」とみなして「概念」的なものをそれに含めず、しかも、それらのうちの「心像」のみを「観念」とすることによって、いかなる意味にもせよ「本来の意味」なるものから大幅に逸脱した意味を、その言葉に与えている。こうした心像論的な立場の問題点については、冨田『ロック入門講義』二三一ページを参照されたい。また、古代ギリシャの ἰδέα からロックの言う *Idea* に至る言葉の用法の歴史的変遷については、『岩波哲学・思想事典』（岩波書店、一九九八年）の「観念」の項（冨田担当、二九二～二九三ページ）を参照していただければ幸いである。

（16） Hume, 'An Enquiry Concerning Human Understanding', Sect. II, 11, p. 17 (German edn. [1755], p. 28).
（17） Ibid., Sect. II, 12, p. 18 (German edn. [1755], pp. 29–30).
（18） Hume, *A Treatise of Human Nature*, i. 1. 1, p. 9. 同趣旨の発言は、また、Hume, 'An Enquiry Concerning Human Understanding', Sect. II, 13–14, p. 19 (German edn. [1755], pp. 31–32）に見られる。
（19） ヒュームはロックに倣って「複合観念は、関係、様態、実体に区分することができる」（Hume, *A Treatise of Human Nature*, i. 1. 4, p. 14）とし、「原因と結果の関係」（relation of cause and effect）を、関係の一つとしている（Ibid., i. 1. 1. 5, p. 15）。
（20） この言葉は Ibid., i. 1. 1, p. 10 で用いられている。
（21） この件については、注14に挙げた文献を参照されたい。
（22） ヒュームが当面の考察を「感覚の印象」に限ることについては、Ibid., i. 1. 3. 2., p. 55 を参照されたい。「原因と結果の観念は感覚の印象からだけでなく反省の印象からも引き出されるが、議論を簡潔にするため、私は通常、原因と結果の観念の起源として、感覚の印象にだけ言及する」とヒュームは言う。
（23） この件については、第2章注1および注30を参照されたい。
（24）『人間知性論』は実際には一六八九年の暮れに出版されているが、当時の慣行に従い、扉には「一六九〇」年と印刷されている。
（25） John Locke, *An Essay Concerning Human Understanding*, ed. Peter H. Nidditch (Oxford: Oxford University Press, 1975), II. xxvi. 1, p. 324.
（26） ロックが右の引用箇所で用いている consider（考える）という動詞は、扱われている観念が感覚や心像ではなく「概念」である場合に特徴的に用いられる。この件については、次章第6節で論じるほか、冨田『ロック哲学の隠された論理』（勁草書房、一九九一年）一七ページ以下、Yasuhiko Tomida, *Idea and Thing: The Deep Structure of Locke's Theory of Knowledge*, in Anna-Teresa Tymieniecka (ed.), *Analecta Husserliana: The*

Yearbook of Phenomenological Research, Vol. XLVI (Dordrecht, Boston, and London: Kluwer, 1995), pp. 3–143 at pp. 16–18; 冨田『観念説の謎解き』一三六ページ以下、冨田『ロック入門講義』一九二〜一九四ページでも論じた。

（27） George Berkeley, *A Treatise Concerning the Principles of Human Knowledge*, in *The Works of George Berkeley, Bishop of Cloyne*, ed. A. A. Luce and T. E. Jessop, 9 vols. (London: Nelson, 1948–1957), ii. Part I, § 142, p. 106.

（28） Hume, *A Treatise of Human Nature*, i. 1. 3. 2, pp. 53–54.

（29） 実は、ヒュームが因果関係についての議論の中で、直接的な経験の事実をあるがままに述べているのではなくて、ある一連の考察（理論）を基に、「近接と継起という二つの関係が原因と結果にとって本質的であることを発見もしくは想定した」(Ibid., i. 1. 3. 2, p. 54) としていることは、Ibid., i. 1. 3. 2, pp. 53–54 での彼の議論から明らかである。

（30） カントの図式論については、冨田『カント入門講義』二三六ページ以下を参照されたい。

（31） この件については、冨田『カント入門講義』二〇〜二一ページを参照されたい。

（32） Kant, *Prolegomena zu einer jeden künftigen Metaphysik, die als Wissenschaft wird auftreten können*, Vorwort, p. 260.

第2章

（1） カントがロックの『人間知性論』をおそらくはラテン語版で読んだであろうことについては、冨田『カント哲学の奇妙な歪み――『純粋理性批判』を読む』（岩波現代全書、二〇一七年）七一〜七二ページ、および、冨田『カント入門講義――超越論的観念論のロジック』（ちくま学芸文庫、二〇一七年）一〇一〜一〇四ページを参照。

（2） その一端は、冨田『アメリカ言語哲学入門』（ちくま学芸文庫、二〇〇七年）第七章「デカルトにおける形而上学と自然学との間——「観念」の自然主義的論理空間」で論じた。これについてはまた、前章注14を参照。

（3）クワイン（W. V. Quine, 1908–2000）は、二〇代半ばにカルナップのもとに留学したあと、一九三四年にハーバードでカルナップの『言語の論理的構文論』（*Logische Syntax der Sprache*）の講義を行い（W. V. Quine, 'Lectures on Carnap', in Richard Creath [ed.], *Dear Carnap, Dear Van: The Quine-Carnap Correspondence and Related Work* [Berkeley, Los Angeles, and London: University of California Press, 1990], pp. 45–103）、また翌々年には論文「規約による真理」（W. V. Quine, 'Truth by Convention', in idem, *The Ways of Paradox and Other Essays* [revised and enlarged edn., Cambridge, Mass.: Harvard University Press, 1976], pp. 77–106）を発表する。その中で、クワインは、「アプリオリな文」が結局のところ「より堅固に受容された文」（more firmly accepted sentences [Quine, 'Lectures on Carnap', p. 65]）もしくは「より堅固に受容された言明」（more firmly accepted statements [Quine, 'Truth by Convention', p. 102]）——つまり「われわれが固守したいと思っている文」（the sentences we want to hold fast [W. V. Quine, 'Two Dogmas in Retrospect', *Canadian Journal of Philosophy*, 21, no. 3 (1991), pp. 265–274 at p. 266]）——以上のものではないと論じる。これについては、冨田『アメリカ言語哲学入門』第六章「補論／クワインの遺産」第3節以下を参照されたい。

（4）Immanuel Kant, *Kritik der reinen Vernunft*, ed. Jens Timmermann (Philosophische Bibliothek, 505; Hamburg: Felix Meiner, 1998), A IX, p. 6.

（5）カントの 'Physiologie des menschlichen Verstandes' という表現については、Marco Sgarbi, *Kant and Aristotle: Epistemology, Logic, and Method*（Albany: State University of New York Press, 2016), pp. 51 ff. を参照されたい。

（6）Kant, *Kritik der reinen Vernunft*, A 86/B 118–119, pp. 166–167. なお、ここで「空間・時間の概念」という言葉の補い方をしているのを気にかけられる読者もおられるかもしれない。これは、単に先行するカントの言葉を踏襲したまでのことで、カントはときおり空間と時間について「概念」という言い方をする。もとより、決定的な議論をする際には、彼は空間と時間は（純粋）直観であって概念ではないと言う。

（7） ライプニッツの遺稿である Gottfried Wilhelm Leibniz, *Nouveaux essais sur l'entendement humain*, in *Oeuvres philosophiques, latines et françoises, de feu Mr. de Leibnitz*, ed. Rudolf Eric Raspe (Amsterdam and Leipzig: Jean Schreuder, 1765) の中で、ライプニッツは自身の考えがプラトンのそれに近いことに言及するとともに、「われわれは、感覚によって注意を向ける機会（occasion）が与えられると、その注意の力によって、〔理性の永遠の法則を〕発見することができる」(Ibid., p. 5) といった言い方をしている。フランス語を読むことができたカントは、このライプニッツの遺稿を、一七六五年の公刊後、ほどなく読んだと考えられる。

（8） Kant, *Kritik der reinen Vernunft*, B 127–128, pp. 173–174.

（9） カントによるこうしたロック理解は、獲得された観念をもとに直接経験することのできない理論的存在者を仮説的に構成するロックの仮説演繹法に対する無理解を表明するものと考えられる。これについては、注12をあわせて参照されたい。

（10） Kant, *Kritik der reinen Vernunft*, A 271/B 327, p. 387.

（11） ライプニッツの自己理解については、Leibniz, *Nouveaux essais sur l'entendement humain*, p. 3 を参照。注7でも触れたように、ライプニッツは「『人間知性論』の著者、すなわちロック」の説はアリストテレスに近く、私の説はプラトンに近い」と言う。

（12） Kant, *Kritik der reinen Vernunft*, A 854–855/B 882–883, p. 877. ここでカントは「ロックは、あらゆる概念と原則を経験から導出したにもかかわらず、それらの概念や原則の使用に際しては行き過ぎた振る舞いをなし、神の存在や霊魂の不滅は（どちらの対象も、まったく、可能な経験の限界の外にあるにもかかわらず）数学の定理と同じように明証的に証明することができると主張した」と言っているが、同様の発言は、Immanuel Kant, *Handschriftlicher Nachlaß: Metaphysik*, in *Kant's gesammelte Schriften* (Berlin: Georg Reimer/Walter de Gruyter, 1900–), xviii. p. 14, no. 4866 にも見られる。科学の方法としての「仮説」的方法は、経験を超えたものへと進むものとして、当時すでにその重要性が広く認識されつつあった。カントのこうした発言は、「神の存在」や「霊魂の不滅」はともかくとして、彼が自然科学における仮説的方法の重要性を十全に理解していないことの現れであると私は考えている。この件については、冨田『カント哲学の奇妙な歪み――『純粋理性批判』を読む』（岩波現代全書、二〇一七年）二〇ページ以下を、あわせて参照されたい。

（13）ロックが複合観念のうちの「様態の観念」について、それらが自身の原型を経験に見いだす場合があるものの、基本的には心（知性）が既得の単純観念を組み合わせて自由に形成できるとしたこと、そして、こうした様態の観念の特殊なあり方から、経験によらない知識の成立可能性を主張したことは、ロック研究においては周知の事柄である。この件については、本章最終節で言及するが、これについてはまた、冨田『ロック入門講義――イギリス経験論の原点』（ちくま学芸文庫、二〇一七年）第９章最終節を、あわせて参照されたい。

（14）Kant, *Kritik der reinen Vernunft*, A 94/B 126–127, p. 173.

（15）Ibid., A 1, p. 42. また『純粋理性批判』第二版では「経験からは取り出すことのできない必然性」（Ibid., B 14, p. 65）といった表現を用いている。

（16）Immanuel Kant, *Prolegomena zu einer jeden künftigen Metaphysik, die als Wissenschaft wird auftreten können*, in *Kant's gesammelte Schriften*, iv. § 14, p. 294.

（17）John Locke, *An Essay Concerning Human Understanding*, ed. Peter H. Nidditch（Oxford: Oxford University Press, 1975), I. ii. 4, p. 49.

（18）Ibid.

（19）Ibid., I. iii. 15, p. 77.

（20）Ibid.

（21）『人間知性論』第一巻「生得思念について」（*Of Innate Notions*）の章立ては、節の内容を示す目次（『人間知性論』の目次には二種類ある）に従えば、次のとおりである。第一章　序文／第二章　生得的な理論的原理（*in-*

nate speculative Principles）は存在しない／第三章　生得的な実践的原理（*innate practical Principles*）は存在しない／第四章　理論的生得原理と実践的生得原理の双方に関するそのほかの考察。のちに言及する生得観念否定論は、第四章に見られる。

（22）『人間知性論』第一巻の第一章をなす「序文」（注21参照）は、言うまでもなく『人間知性論』全体の序文である。その序文でロックは例えば次のように言う。「人々の知識が、およそ存在するものの普遍的な、あるいは完全な理解にどれほど届かないとしても、彼らは彼らを造った者を知り、自らの義務を洞察するのに十分な光を手にしているのであるから、自分たちが大いに気遣っていることは、確保することができる」(Ibid., I. i. 5, p. 45)。

（23）Ibid., I. ii. 4–5, pp. 49–51.

（24）Ibid., I. ii. 5, pp. 50–51.

（25）この件については、また、冨田『ロック入門講義』一二六～一二七ページを参照されたい。

（26）Locke, *An Essay Concerning Human Understanding*, I. ii. 13, pp. 53–54.

（27）Ibid., I. iv. 1, p. 85.

（28）Ibid., I. iv. 2, p. 85. 訳文の傍点の打ち方について一言。ロックのイタリック体の用法の中に、イタリックになっている箇所（必ずしも続いているとは限らない）を続けて読むと句や文になっていて、その句や文でその節の内容がわかるというのがある。このタイプのイタリックの箇所にできるだけ対応する形で、傍点を付した。傍点の箇所を続けて読むと、内容の要約になっている。

（29）ロックの生得原理否定論と生得観念否定論については、また、冨田『ロック入門講義』一二二～一二八ページを、あわせて参照されたい。

（30）Locke, *An Essay Concerning Human Understanding*, II. i. 2, p. 104. ロックは「タブラ・ラサ」と言ったとしばしば言われるが、一六七一年の二つの草稿には rasa tabula という言葉が出てくるものの（John Locke, *Drafts for the* Essay Concerning Human Understanding *and Other Philosophical Writings*, ed. Peter H.

Nidditch and G. A. J. Rogers, vol. 1 [Oxford: Oxford University Press, 1990], *Draft A*, p. 8; *Draft B*, p. 128)、公刊された『人間知性論』で彼が実際に使った言葉は「白紙」（white Paper）である。ロックが「タブラ・ラサ」と言ったというふうに言われるのは、英語を読まない人がロックの『人間知性論』を読むのにフランス語訳もしくはラテン語訳を用いたことに、あるいはロックの『人間知性論』の内容を知るのに一六八八年に公刊されたフランス語によるその要約に依拠したことに起因すると考えられる。

『人間知性論』のフランス語訳は、ロックの生前にピエール・コスト（Pierre Coste, 1668–1747）によって翻訳・出版された。コストは一七〇〇年の初版（Jean Locke, *Essai philosophique concernant l'entendement humain*, trans. Pierre Coste [Amsterdam: Henri Schelte, 1700], p. 94）で white Paper を *Tabula rasa* とラテン語訳し、また一七二九年の改訂第二版（Jean Locke, *Essai philosophique concernant l'entendement humain*, trans. Pierre Coste [2nd edn., Amsterdam: Pierre Mortier, 1729], p. 61）ではそれを *Table rase* とフランス語訳した上で、欄外に *Tabula rasa* と注記している。他方、『人間知性論』のラテン語版（Johannes Lockius, *De Intellectu Humano* [Londinium: Aunshamus & Johannes Churchill, 1701]）は、エゼキエル・バリッジ（Ezekiel Burridge, c. 1661–1707）によるもので、これもロックの存命中の一七〇一年に公刊されている。このラテン語版では、white Paper は tabula rasa（実際には属格の tabulæ rasæ）と訳されている（Ibid., p. 30）。因みに、このラテン語版は一七〇九年にライプツィヒで再刊され（*Johannis Lockii Armigeri Libri IV De Intellectu Humano* [Lipsia (Leipzig): Theophilus Georgius, 1709]）、一七四一年にはゴットヘルフ・ハインリッヒ・ティーレ（Gotthelff Heinrich Thiele, 1701–?）による改訂版がライプツィヒの同じ出版社から刊行されている。カントはロックの『人間知性論』をこのラテン語版で読んだのではないかと思われる。

また、ロックの友人の一人、ジャン・ル・クレール（Jean Le Clerc, 1657–1736）が出版していた *Bibliotheque universelle et historique* の一六八八年の第八巻（*Bibliotheque universelle et historique*, Tome huitième [Amsterdam: Wolfgang, Waesberge, Boom, & van Someren, 1688]. なお、*Bibliotheque* にはアクサンが付いていな

い）に、『人間知性論』の公刊に先立って、そのフランス語の要約が掲載された（Ibid., pp. 49–142）。付されたタイトルは *Extrait d'un Livre Anglois qui n'est pas encore publié, intitulé* ESSAI PHILOSOPHIQUE *concernant* L'ENTENDEMENT, *où l'on montre quelle est l'étenduë de nos connoissances certaines, & la maniere dont nous y parvenons*. Communiqué par Monsieur LOCKE で、ロックが準備し、ル・クレールがフランス語訳したものである。その四九ページ（「要約」の最初のページ）に、ラテン語の tabula rasa がイタリック体で出てくる。これも、ロックが「タブラ・ラサ」と言ったという見解の基になった可能性がある。なお、右の「要約」をル・クレールがフランス語に訳したとき、すでにその英文原稿の中で、ロック自身、tabula rasa を使っていたことが知られている。

（31）　この件については、冨田『ロック入門講義』一三一ページ以下を参照されたい。その一三三ページに見られるように、この喩えはアリストテレスの「書板」（γραμματεῖον）の喩えの一バージョンであるストア派の「紙」（χάρτης）の喩えを意識したものと思われる。これについては、ドイツの古典文献学者ハンス・フォン・アルニム（Hans von Arnim, 1859–1931）が編集した『初期ストア派断片集』（*Stoicorum veterum fragmenta* [1903–1905]）第二巻八三（アエティオス『学説誌』第四巻一一 Aëtius, *Placita philosophorum*, IV, 11）に見られる、次の言葉を参照されたい。「ストア派の人々の言によれば、人間は生まれたときに、魂の指導的な部分を、いわば、書き込むためにうまく整えられた紙（χάρτης）として持っており、観念を一つ一つ自分でここに書き込む」（Οἱ Στωϊκοὶ φασιν· ὅταν γεννηθῇ ὁ ἄνθρωπος, ἔχει τὸ ἡγεμονικὸν μέρος τῆς ψυχῆς ὥσπερ χάρτην εὔεργον εἰς ἀπογραφήν· εἰς τοῦτο μίαν ἑκάστην τῶν ἐννοιῶν ἐναπογράφεται.）（*Stoicorum veterum fragmenta*, ed. Hans von Arnim, vol. 2 [Stuttgart: B. G. Teubner, 1903], p. 28）。

（32）　Locke, *An Essay Concerning Human Understanding*, II. i. 2, p. 104. なお、tabula rasa は、先述のアリストテレスの「書板」（γραμματεῖον）の喩えが、のちに γραμματεῖον ἄγραφον（書かれていない書板）という表現を得たあと、これをラテン語に訳したもので、この tabula rasa は、アルベルトゥス・マグヌス（Albertus Magnus, c.

1200–1280）、トマス・アクィナス（Thomas Aquinas, c. 1225–1274）、ヘント（ガン）のヘンリクス（Henricus de Gandavo, c. 1217–1293）、ヨハネス・ドゥンス・スコトゥス（Johannes Duns Scotus, c. 1266–1308）、マイスター・エックハルト（Meister Eckhart, c. 1260–c. 1328）、フランシスコ・スアレス（Francisco Suárez, 1548–1617）をはじめとして、多くの人々の用いるところとなった（冨田『ロック入門講義』一三一〜一四〇ページ参照）。

（33）Locke, *An Essay Concerning Human Understanding*, II. i. 23, p. 117.

（34）Ibid., II. i. 4, p. 105. もとより、ロックが「反省」と呼んでいる経験の対象となるものは、われわれの心の「作用」だけではないことに注意しなければならない。彼はこれについて、次のように言う。「これら二つのもの〔……〕、すなわち感覚の対象としての、外的な物質的な物と、反省の対象としての、内なるわれわれ自身の心の働きが、私にとって、われわれのすべての観念がそこから始まる起源にほかならない。私はここでは、「働き」という言葉を広い意味で用い、心が自身の観念に対して行う活動だけでなく、なんらかの思考から生じる満足や不快感のような、観念からときに生じるある種の感情をも含むものとする」（Ibid., II. i. 4, pp. 105–106）。なお、ここに出てくる「内的感官」（internal Sense）という言葉は、カントが『純粋理性批判』でよく使用する「内的感官」（der innere Sinn）の基になったものと推定される。

（35）Locke, *An Essay Concerning Human Understanding*, IV. i. 1–2, p. 525.

（36）Kant, *Kritik der reinen Vernunft*, A 66/B 91, p. 143.

（37）Ibid., A 86/B 118–119, pp. 166–167.

（38）Ibid., A 20/B 34, p. 94 参照。

（39）英語を読まないカントがロックをどのようにして読んだかについては、注1および注30を参照されたい。

（40）ロックが『人間知性論』において諸種の心の働きを重視していることについては、例えば冨田『ロック哲学の隠された論理』（勁草書房、一九九一年）一六ページ以下（英語版 Yasuhiko Tomida, *Idea and Thing: The Deep*

Structure of Locke's Theory of Knowledge, in Anna-Teresa Tymieniecka [ed.], *Analecta Husserliana: The Yearbook of Phenomenological Research*, Vol. XLVI [Dordrecht, Boston, and London: Kluwer, 1995], pp. 16 ff.）を参照されたい。

（41） 「能動的能力」と「受動的能力」については、Locke, *An Essay Concerning Human Understanding*, II. xxi. 2, p. 234を参照されたい。

（42） Ibid., II. xxi. 1, p. 233.

（43） この件については、また、Yasuhiko Tomida, *Locke, Berkeley, Kant: From a Naturalistic Point of View*（Hildesheim, Zürich, and New York: Georg Olms, 2012; 2nd edn., revised and enlarged, 2015）, pp. 77–78を参照されたい。

（44） Kant, *Kritik der reinen Vernunft*, A 80/B 106, p. 156.

（45） Locke, *An Essay Concerning Human Understanding*, II. vii. 1, p. 128.

（46） Ibid., II. xiii. 25, p. 179.

（47） Ibid., II. vii. 7, p. 131.

（48） Ibid., II. xvi. 1, p. 205.

（49） Norwood Russell Hanson, *Perception and Discovery*, ed. Matthew D. Lund（2nd edn., Synthese Library, 389; Cham: Springer, 2018）, Part II 参照。

（50） Martin Heidegger, *Sein und Zeit*（19th edn., Tübingen: Max Niemeyer, 2006）, § 32 参照。

（51） Locke, *An Essay Concerning Human Understanding*, II. vii. 7, p. 131.

（52） 先述のように、ロックの場合、単一性は数の基本単位として扱われる。数に関するロックの基本的な考え方については、S.-J. Savonius-Wroth, Paul Schuurman, and Jonathan Walmsley（eds.）, *The Bloomsbury Companion to Locke*（London, Oxford, New York, New Delhi, and Sydney: Bloomsbury, 2014）, pp. 191–193で、

'Number and Infinity' という項目名のもとに解説したことがある。あわせて参照していただければ幸いである。

（53） Locke, *An Essay Concerning Human Understanding*, II. xii. 3, p. 164 参照。

（54） Ibid., II. xii. 6, p. 165.

（55） Ibid., II. xxiii. 1, p. 295.

（56） Ibid., II. xxiii. 2, p. 295.

（57） Ibid., I. iv. 18, p. 95.

（58） 古来「実体」は「固有性」とともに「偶有性」を持つものと考えられてきた。先のカテゴリー表にあったように、カントは「実体」と「偶有性」とを対比させ、またロックは狭義の「実体」観念とさまざまな性質とを対比させるのであるが、ロックの実体が本人も述べているようにあらゆる性質を支えるものとしての「基体」の意味合いで論じられているのに対して、カントの場合、実体の量的不変性を論じることからして、両者の「実体」概念（ないし観念）を単純に同一視することはできない。しかし、以上の考察から、少なくともロックの狭義の「実体」観念が、なんらかの感覚として扱われているのではまったくなく、あることを機会として心ないし知性が「想定」する観念であることは明らかである。

（59） Immanuel Kant, *Anthropologie in pragmatischer Hinsicht*, in *Kant's gesammelte Schriften*, vii. p. 135.

（60） この件についても、われわれはライプニッツの影響を考慮する必要がある。例えばライプニッツは Leibniz, *Nouveaux essais sur l'entendement humain*, p. 7 で次のように言う。「観念や真理がわれわれにとって生得的（inné）であるのは、傾向（inclination）、素質（disposition）、習慣（habitude）、本性的潜在能力（virtualité naturelle）としてであって、活動態（action）としてではない。」ライプニッツのこの見解が、次に確認する「胚芽」や「素質」や「基礎」を用いたカントの説明と同じ方向にあることは、明らかであろう。カントの説明は、まもなく取り上げる「原始取得」の考えと接続するものであるが、こうしたカントの考えがライプニッツの見解に近いことについては、Sgarbi, *Kant and Aristotle: Epistemology, Logic, and Method*, pp. 63–64 を参照されたい。

スガルビーは、同書六三ページにおいて、「この視点からするライプニッツの考えは、経験を機会として原始的に取得された傾向というカントの仮説に、非常によく似ている」と言う。因みに、第1章で触れたように、カントは『純粋理性の新たな批判がすべて古い批判によって無用となるという発見について』の末尾で、「『純粋理性批判』は〔……〕ライプニッツ自身のための本来的な弁明たらんとするものである」と述べ、ライプニッツ説と自説との密接な関係を表明している（Immanuel Kant, *Über eine Entdeckung, nach der alle neue Kritik der reinen Vernunft durch eine ältere entbehrlich gemacht werden soll*, in *Kant's gesammelte Schriften*, viii. p. 250）。

（61） Ibid., p. 221.

（62） カントの言う「原始取得」については、Katrin Flikschuh, *Kant and Modern Political Philosophy*（Cambridge: Cambridge University Press, 2000）, pp. 152 ff.; Béatrice Longuenesse, *Kant and the Capacity to Judge: Sensibility and Discursivity in the Transcendental Analytic of the* Critique of Pure Reason, trans. Charles T. Wolfe（Princeton and Oxford: Princeton University Press, 1998）, p. 253; Sofie Møller, 'Human Rights Jurisprudence Seen through the Framework of Kant's Legal Metaphors', in Andreas Follesdal and Reidar Maliks（eds.）, *Kantian Theory and Human Rights*（New York and London: Routledge, 2014）, pp. 52–69 at p. 55を参照されたい。

（63） Kant, *Über eine Entdeckung, nach der alle neue Kritik der reinen Vernunft durch eine ältere entbehrlich gemacht werden soll*, pp. 221–222.

（64） こうしたカントの見解を検討する上で重要な示唆を与える文言が、一七七〇年の教授就任論文『可感界と可想界の形式と原理について』（*De mundi sensibilis atque intelligibilis forma et principiis*〔1770〕）に見いだされる。カントはその第八節において、次のように言う。「ところで、純粋知性の使用の第一原理を含む哲学は、形而上学である。しかし、その予備学は、感性的認識を知性的認識から区別することを教える学問である。〔……〕したがって、形而上学においては、経験的原理は見いだされないので、形而上学に現れる諸概念は、感官にではなく、純粋知性の本性そのものに求められるべきであるが、生得概念（conceptus *connatus*）としてではなく、心に植えつけられた法則から（経験を機会［occasio］として心の活動に注意を向けることによって）引き出された概念として、したがって、獲得された概念（conceptus *acquisitus*）として、求められるべきである」（Immanuel Kant, *De mundi sensibilis atque intelligibilis forma et principiis*, in *Kant's gesammelte Schriften*, ii. §8, p. 395)。また、同論文第一五節のあとに付された系にも、空間概念と時間概念について同様の興味深い発言が見いだされる（Ibid., Corollarium, p. 406)。

（65） Kant, *Kritik der reinen Vernunft*, A 26–27/B 42–43, pp. 102–103.

（66） Ibid., A 35/B 51, p. 110.

（67） Ibid., A 45/B 62, p. 119.

（68） Immanuel Kant, 'Von den verschiedenen Racen der Menschen', in *Kant's gesammelte Schriften*, ii. pp. 434–435.

（69） 発生学に対するカントの関心、および、「胚芽」や「素質」という『純粋理性批判』の語彙とその発生学への関心との密接な関係については、すでにいくつかの重要な研究がある。ここでは特に次のものを挙げておく。Phillip R. Sloan, 'Preforming the Categories: Eighteenth-Century Generation Theory and the Biological Roots of Kant's A Priori', *Journal of the History of Philosophy*, 40, no. 2（2002), pp. 229–253. カントが純粋知性概念（カテゴリー）の起源をこうした観点から捉えていたことが明らかになればなるほど、理由はともあれ結論としては、ツェラーの言うように、「あらゆる知識のアプリオリな要素を人間本性の構造の疑似アプリオリなファクターへと貶める」（Günter Zöller, 'Kant on the Generation of Metaphysical Knowledge', in Hariolf Oberer and Gerhard Seel [eds.], *Kant: Analysen-Probleme-Kritik* [Würzburg: Königshausen & Neumann, 1988], p. 79）ことになることを、私は認めざるをえないと思う。そのことはまた、カントの形而上学的知見が実は自然科学ベースのものであり、その意味で彼の『純粋理性批判』の試みが基本的にフッサールやクワインが言う意味での

「自然主義」的色彩を帯びたものであったことを証拠立てるものとなる。カントの「胚芽」や「素質」の用法については、また、Clark Zumbach, *The Transcendent Science: Kant's Conception of Biological Methodology* (Nijhoff International Philosophy Series, 15; The Hague, Boston, and Lancaster: Martinus Nijhoff, 1984), p. 102; Robert Bernasconi, 'The Place of Race in Kant's *Physical Geography* and in the Writings of the 1790s', in Pablo Muchnik (ed.), *Rethinking Kant: Volume 2* (Newcastle upon Tyne: Cambridge Scholars Publishing, 2010), pp. 280 ff. を参照されたい。

（70） Edmund Husserl, *Logische Untersuchungen*, 2. Band, 1. Teil, ed. Ursula Panzer (Husserliana, xix/1; The Hague, Boston, and Lancaster: Martinus Nijhoff, 1984), pp. 124 ff. 参照。

（71） カントのこの問題は、ローティが『哲学と自然の鏡』第二部（Richard Rorty, *Philosophy and the Mirror of Nature* [Princeton: Princeton University Press, 1979], pp. 148 ff.）で、別の角度から論じたこととも関わる。ローティに言わせれば、カントが自らの認識論を論じる際になしていることは、知識の妥当性の理由を述べることではなく、われわれの「内的空間のメカニズム」を論じることによって、知識がどのようなメカニズムによって得られるかについての「因果的説明」を行うことでしかない。その「内的空間のメカニズム」がわれわれのそれであることからすれば、その「因果的説明」は、まさしくわれわれ人間に関するある事実を述べようとするものにほかならない。

（72） Locke, *An Essay Concerning Human Understanding*, IV. iii. 18, p. 549.

（73） この件については、注13で述べたように、冨田『ロック入門講義』第9章最終節をあわせて参照されたい。

第3章

（1） David Hume, *A Treatise of Human Nature*, ed. David Fate Norton and Mary J. Norton, 2 vols. (Oxford: Oxford University Press, 2007), i. 1. 3. 6, p. 61.

（2） David Hume, *Enquiries Concerning Human Understanding and Concerning the Principles of Morals*, ed. L. A. Selby-Bigge and P. H. Nidditch (3rd edn., Oxford: Oxford University Press, 1975), 'An Enquiry Concerning Human Understanding', Sect. VII, Part II, 59, p. 75.

（3） John Locke, *An Essay Concerning Human Understanding*, ed. Peter H. Nidditch (Oxford: Oxford University Press, 1975), II. xxvi. 1, p. 324.

（4） Ibid., II. xxi. 1, p. 233.

（5） Immanuel Kant, *Kritik der reinen Vernunft*, ed. Jens Timmermann (Philosophische Bibliothek, 505; Hamburg: Felix Meiner, 1998), A 137–138/B 176–177, p. 239.

（6） Ibid., A 144/B 183, p. 245.

（7） Immanuel Kant, *Prolegomena zu einer jeden künftigen Metaphysik, die als Wissenschaft wird auftreten können*, in *Kant's gesammelte Schriften* (Berlin: Georg Reimer/Walter de Gruyter, 1900–), iv. § 18, p. 298.

（8） Ibid., § 19, p. 299.

（9） この件については、また、冨田『カント哲学の奇妙な歪み――『純粋理性批判』を読む』（岩波現代全書、二〇一七年）第5章および冨田『カント入門講義――超越論的観念論のロジック』（ちくま学芸文庫、二〇一七年）二七九ページ以下を参照されたい。

第4章

（1） Immanuel Kant, *Kritik der reinen Vernunft*, ed. Jens Timmermann (Philosophische Bibliothek, 505; Hamburg: Felix Meiner, 1998), A XVI, p. 10.

（2） Ibid., A XVI–XVII, pp. 10–11.

（3） Ibid., A 92–93/B 124–126, pp. 171–173.

(4) Ibid., A 1, p. 42.
(5) Ibid., A 2, pp. 42–44.
(6) Ibid., B XVII–XVIII, p. 22.
(7) Ibid., B 1, p. 43.
(8) Ibid., A 94/B 126, pp. 173.
(9) Ibid., B 161, p. 200.
(10) Ibid., B 168, p. 205.
(11) Ibid., A 202/B 247, p. 299.
(12) Ibid., B 232, p. 286.
(13) Ibid., A XV, p. 10.
(14) Ibid., A 64/B 89, p. 142.
(15) Ibid., A 68–69/B 92–94, pp. 145–147.
(16) Ibid., B VIII, p. 15.
(17) Ibid., A 79–80/B 104–105, pp. 155–156.
(18) これについてはまた、冨田『カント哲学の奇妙な歪み――『純粋理性批判』を読む』(岩波現代全書、二〇一七年)第4章および第5章を参照。
(19) Kant, *Kritik der reinen Vernunft*, A 70–71/B 96, p. 148.

第5章

(1) Immanuel Kant, *Kritik der reinen Vernunft*, ed. Jens Timmermann (Philosophische Bibliothek, 505; Hamburg: Felix Meiner, 1998), A 70/B 95, p. 148.

（2） Ibid., A 70–71/B 96, p. 148.

（3） Ibid., A 80/B 106, p. 156.

（4） ここでは中世の論理学書に現れるラテン語表記を挙げておく。アリストテレスが用いたギリシャ語表記については、冨田『カント哲学の奇妙な歪み——『純粋理性批判』を読む』（岩波現代全書、二〇一七年）一一一ページを参照されたい。

（5） Peter of Spain（Petrus Hispanus Portugalensis）, *Tractatus*（*Summule Logicales*）, ed. L. M. de Rijk（Assen: Van Gorcum, 1972）, § 8, pp. 4–5.

（6） Ibid., § 9, p. 5.

（7） この件については、また、冨田『カント哲学の奇妙な歪み』一一三〜一一五ページを参照されたい。

（8） 冨田『カント哲学の奇妙な歪み』一一五〜一一八ページ参照。

（9） Giorgio Tonelli, 'Die Voraussetzungen zur Kantischen Urteilstafel in der Logik des 18. Jahrhunderts', in Friedrich Kaulbach and Joachim Ritter（eds.）, *Kritik und Metaphysik: Studien. Heinz Heimsoeth zum achtzigsten Geburtstag*（Berlin: Walter de Gruyter, 1966）, pp. 134–158 at p. 151 参照。

（10） *Wiener Logik*, in *Kant's gesammelte Schriften*（Berlin: Georg Reimer/Walter de Gruyter, 1900–）, xxiv–2. pp. 929–931.

（11） Kant, *Kritik der reinen Vernunft*, A 71–73/B 97–98, pp. 149–150.

（12） Ibid., A 143/B 182–183, p. 244.

（13） Immanuel Kant, *Prolegomena zu einer jeden künftigen Metaphysik, die als Wissenschaft wird auftreten können*, in *Kant's gesammelte Schriften*, iv. § 39, n., p. 325.

（14） カントが質のカテゴリーとして挙げている「実在性」、「否定」、「制限」の三つが、もともとすでに、全面的にそうであるか、まったくそうでないか、ある程度そうであるかの区別であったことは、今日ではもはや自明のことであると言ってよい。この点については、Anneliese Maier, *Kants Qualitätskategorien*（Kantstudien-Ergänzungshefte, 65; Berlin: Metzner, 1930), pp. 37–38; Daniel Warren, *Reality and Impenetrability in Kant's Philosophy of Nature*（Abingdon and New York: Routledge, 2001), p. 21 を参照されたい。ウォレンは次のように言う。「われわれは今や、質の第三のカテゴリーすなわち制限と、他の二つ〔実在性および否定〕との間の関係を、特徴づけることができる。伝統的な合理論的思考においては、制限という概念は、実在性のある有限な度合い、すなわち、可能な最大の度合いではない限りにおける実在性のある度合いを意味していた。〔そして、〕こうした条件のない実在性は、この意味において、無制限とみなされ、否定は単に実在性の欠如であった。」

(15)　これについてカントは次のように言う。「これらの原則は、カテゴリーの客観的使用の規則にほかならない」（Kant, *Kritik der reinen Vernunft*, A 161/B 200, p. 258)。したがって、「実在性」、「否定」、「制限」という三つのカテゴリーが感覚の度合いに適用されるものであるとすれば、それらに対応する「知覚の予想」の原則が、あとに述べるように、ひたすら「内包量」にのみ関わるものとして扱われるのは当然の成り行きである。

(16)　カントは「公理」を表すドイツ語 Axiom の複数形を、いずれの格についても Axiomen と綴る。これについては、G. S. A. Mellin, *Encyclopädisches Wörterbuch der kritischen Philosophie*, 1. Band（Züllichau and Leipzig: Friedrich Frommann, 1797）の項目 'Axiomen'（pp. 447–452）および 'Axiomen der Anschauung'（pp. 452–454）を、あわせて参照されたい。

(17)　Kant, *Kritik der reinen Vernunft*, A 162, p. 260.

(18)　Ibid., B 202, p. 260.

(19)　Ibid., A 162/B 203, p. 261.

(20)　Ibid., A 163/B 204, p. 262.

(21)　Ibid., A 28–29, p. 104.

(22)　Ibid., B 44, p. 104.

（23） Ibid., A 20–21/B 34–35, p. 94.

（24） これについては、冨田『ロック入門講義――イギリス経験論の原点』（ちくま学芸文庫、二〇一七年）九〇〜一〇一ページを参照されたい。

（25） デカルトは、われわれが明晰判明に知覚している物体の特性は数量的なもの（数学的に扱えるもの）に限られ、広がり（延長）や、形や大きさ、位置や運動や数量や持続については明晰判明な観念を持つことができるけれども、色や味や熱さ・冷たさなどはそうではないとする。そのため彼は、そうした色や味などを物体の性質から外し、われわれが感覚するだけのものとしてそれらを扱う。ここに言う「デカルトが物体の性質について行った区別」とは、この区別のことである。

（26） 幾何学的概念の「構成」によるアプリオリな総合判断としての幾何学的知識の導出については、また、冨田『カント哲学の奇妙な歪み』第3章第2節、『カント入門講義――超越論的観念論のロジック』（ちくま学芸文庫、二〇一七年）二五四ページ以下を参照されたい。

（27） Kant, *Kritik der reinen Vernunft*, A 166, p. 265.

（28） Ibid., B 207, p. 265.

（29） John Locke, *An Essay Concerning Human Understanding*, ed. Peter H. Nidditch（Oxford: Oxford University Press, 1975）, II. xvii. 6, pp. 212–213.

（30） Michael J. Moran, Howard N. Shapiro, Daisie D. Boettner, and Margaret B. Bailey, *Fundamentals of Engineering Thermodynamics*（7th edn., Hoboken, N. J.: Wiley, 2011）, p. 9.

（31） 『テアイテトス』（Θεαίτητος, *Theaetetus*）182a 参照。

（32） 『形而上学』（Τὰ μετὰ τὰ φυσικά, *Metaphysica*）1028a19 参照。

（33） Aristoteles, *Categoriae*, in *Aristotelis Categoriae et Liber De Interpretatione*, ed. L. Minio-Paluello（Oxford: Oxford University Press, 1949）, 10b26–29, p. 31.

（34） *Liber Aristotelis de Decem Praedicamentis*, trans. Botehius, in L. Minio-Paluello (ed.), *Aristoteles Latinus, I 1–5, Categoriae vel Praedicamenta* (Leiden: E. J. Brill, 1961), p. 28. ボエティウスは先の『カテゴリー論』からの引用箇所を、次のようにラテン語に訳している。Suscipit autem qualitas magis et minus; album et enim magis et minus alterum altero dicitur, et iustum alterum altero magis. Et idem ipsum sumit intentionem [...].

（35） 例えば、Thomas Aquinas, *Quaestiones Disputatae de Potentia Dei*, in Tommaso d'Aquino, *Le Questioni Disputate*, vol. 8, ed. Battista Mondin (Bologna: Edizioni Studio Domenicano, 2003), Quaestio 1, Articulus 2, Responsio, p. 50; Johannes Duns Scotus, *Quaestiones in Librum Quartum Sententiarum*, in idem, *Opera Omnia*, editio nova, vol. 20 (Paris: Ludovicum Vivès, 1894), Distinctio 44, Quaestio 1, Scholium, p. 179.

（36） *Moses Mendelssohn's sämmtliche Werke: Ausgabe in Einem Bande als National-Denkmal* (Wien: Michael Schmidl's sel. Witwe und Ignaz Klang, 1838), p. 102.

（37） Immanuel Kant, *Metaphysische Anfangsgründe der Naturwissenschaft*, in *Kant's gesammelte Schriften*, iv. pp. 493–494.

（38） この件の詳細については、冨田『カント哲学の奇妙な歪み』第5章第7節および第8節を参照されたい。

（39） Kant, *Kritik der reinen Vernunft*, A 182, p. 280.

（40） Ibid., B 224, p. 280.

（41） これについては、冨田『カント哲学の奇妙な歪み』第5章第6節を参照されたい。

（42） Kant, *Kritik der reinen Vernunft*, A 74/B 99, p. 151.

（43） Ibid., B 112, p. 161.

（44） Ibid., B 111–112, p. 161.

（45） Ibid., B 112, p. 161.

（46） Ibid.

（47） Ibid.

（48） Ibid., B 113, p. 162.

（49） Ibid., A 211, p. 306.

（50） Ibid., B 256, p. 306.

（51） この件については、また、冨田『カント哲学の奇妙な歪み』第5章第9節を参照されたい。

（52） 冨田『カント哲学の奇妙な歪み』第5章第5節、『カント入門講義』二七九ページ以下参照。

（53） Kant, *Metaphysische Anfangsgründe der Naturwissenschaft*, p. 541.

（54） Kant, *Kritik der reinen Vernunft*, B 224, p. 280.

（55） Kant, *Metaphysische Anfangsgründe der Naturwissenschaft*, p. 541.

（56） Ibid., p. 543.

（57） Kant, *Kritik der reinen Vernunft*, B 232, p. 286.

（58） Kant, *Metaphysische Anfangsgründe der Naturwissenschaft*, p. 543.

（59） Ibid., p. 544.

（60） Kant, *Kritik der reinen Vernunft*, B 256, p. 306.

（61） Kant, *Metaphysische Anfangsgründe der Naturwissenschaft*, pp. 544–545.

第6章

（1） Immanuel Kant, *Kritik der reinen Vernunft*, ed. Jens Timmermann（Philosophische Bibliothek, 505; Hamburg: Felix Meiner, 1998), B 38, pp. 97–98.

（2） Ibid., B 40, p. 100.

(3) Ibid., A 22–23/B 37–38, p. 97. 引用は第二版による。第一版では、最後のところが「空間の概念を究明することにしよう」ではなく、「空間を考察することにしよう」となっている。

(4) ロックが「反省」を「内的感官と呼んでもよいかもしれない」(John Locke, *An Essay Concerning Human Understanding*, ed. Peter H. Nidditch [Oxford: Oxford University Press, 1975], II. i. 4, p. 105) としたことは先述のとおりであるが（第2章第3節参照）、彼はまた「感覚」と「反省」に代えて、「外的感覚」(external Sensation)、「内的感覚」(internal Sensation) という表現を用いることもあった (Ibid., II. xi. 17, p. 162)。因みにカントが読んだであろうと考えられるロックの『人間知性論』のラテン語版では、「内的感官」は sensus internus と訳されており (*Johannis Lockii Armigeri Libri IV De Intellectu Humano* [Lipsia (Leipzig): Theophilus Georgius, 1709], p. 95; *Johannis Lockii Armigeri Libri IV De Intellectu Humano*, ed. Gotthelff Heinrich Thiele [Lipsia (Leipzig): Theophilus Georgius, 1741], p. 97)、また、「外的感覚」と「内的感覚」は externa sensatio および interna sensatio と訳されている (*Johannis Lockii Armigeri Libri IV De Intellectu Humano* [1709], p. 177; [1741], p. 181)。

(5) Locke, *An Essay Concerning Human Understanding*, II. v, p. 127.（この章は一つの段落のみからなり、節の区別はない。）

(6) Kant, *Kritik der reinen Vernunft*, A 23, p. 98.

(7) Ibid., A 24, p. 98.

(8) この「アプリオリ」の用法については、冨田『カント入門講義——超越論的観念論のロジック』（ちくま学芸文庫、二〇一七年）一三一ページ以下を参照されたい。

(9) Kant, *Kritik der reinen Vernunft*, A 24, pp. 98–99. 因みに、カントの友人であるランベルトらがすでに非ユークリッド幾何学の一種を提案していたにもかかわらず、カントはこれを受け入れず、空間をユークリッド的なものと理解していた。

（10） 今更言うまでもないことだが、『純粋理性批判』第二版の出版に際し、カントは『純粋理性批判』における自らの企てがもともと周到に準備されたものであったことを、次のように表現している。「命題そのものとそれらの証明根拠、同様に、計画の形式と完全さにおいて、私は変更すべきものを見いださなかった。このことは、一つには、私が本書を公刊する前にそれらに加えた長きにわたる検討のゆえとしなければならない〔……〕」(Ibid., B XXXVII, p. 35)。

（11） Ibid., A 24–25, p. 99.

（12） Ibid., A 25, pp. 99–100.

（13） Locke, *An Essay Concerning Human Understanding*, II. xiii. 4, p. 168 参照。ロックは次のように言う。「われわれが持つどんな距離の観念をも繰り返し加え、あるいは倍加し、望むままに何度でも先行する観念に加え、いくらそれを望むままに拡大してもどこかで休止したり停止したりすることがけっしてありえないというこの能力こそ、われわれに無限の空間（Immensity）の観念を与えるものである。」

（14） Kant, *Kritik der reinen Vernunft*, B 39–40, pp. 99–100.

（15） Ibid., B 40–41, pp. 100–101.

（16） 冨田『カント哲学の奇妙な歪み』七六～八〇ページ参照。

（17） Ludwig Wittgenstein, *Philosophische Untersuchungen / Philosophical Investigations*, ed. G. E. M. Anscombe and Rush Rhees, trans. G. E. M. Anscombe (Oxford: Blackwell, 1953), I, § 271 参照。

（18） Kant, *Kritik der reinen Vernunft*, A 713–714/B 741–742, p. 764.

（19） Ibid., A 120, p. 225.

（20） Ibid., B 129–130, p. 176.

（21） Locke, *An Essay Concerning Human Understanding*, II. ii. 2, p. 119.

（22） Ibid., II. xii. 1, p. 163.

(23) Kant, *Kritik der reinen Vernunft*, A 97, p. 207.
(24) Locke, *An Essay Concerning Human Understanding*, IV. i. 2, p. 525.
(25) Ibid., II. xii. 1, p. 164.
(26) Ibid., II. xxiii. 1, p. 295.
(27) Ibid., III. vi. 28, p. 456.
(28) Ibid., II. ii. 1, p. 119.
(29) Ibid., II. xi. 1, pp. 155–156.
(30) Ibid., IV. i. 4, pp. 525–526.
(31) Kant, *Kritik der reinen Vernunft*, A 22/B 37, p. 97.
(32) Ibid., A 26/B 42, p. 101.
(33) 'Extrait d'un Livre Anglois qui n'est pas encore publié, intitulé ESSAI PHILOSOPHIQUE concernant L'ENTENDEMENT, où l'on montre quelle est l'étenduë de nos connoissances certaines, & la maniere dont nous y parvenous. Communiqué par Monsieur LOCKE', *Bibliotheque universelle et historique*, ed. Jean Le Clerc, vol. 8 (Amsterdam: Wolfgang, Waesberge, Boom, & van Someren, 1688), pp. 49–142.（第2章注30でも触れたように、同誌のタイトルにはアクサンが付されておらず、タイトル表記はそれに従っている。）
(34) この手紙は、*Some Familiar Letters between Mr. LOCKE, and Several of his Friends* (London: Awnsham and John Churchill, 1708), pp. 32–38 に収載されている。
(35) Locke, *An Essay Concerning Human Understanding*, II. ix. 8, pp. 145–146.
(36) Ibid., II. ix. 8, p. 145.
(37) Ibid., II. ix. 9, 146.
(38) バークリの『視覚に関する新たな理論に向けての試論』の中でのモリニュー問題に関する議論については、冨田『ロック入門講義――イギリス経験論の原点』（ちくま学芸文庫、二〇一七年）二六九〜二七二ページを参照されたい。

（39） George Berkeley, *Alciphron: Or the Minute Philosopher*, in *The Works of George Berkeley, Bishop of Cloyne*, ed. A. A. Luce and T. E. Jessop, 9 vols. (London: Nelson, 1948–1957), iii. Fourth Dialogue, § 9, pp. 152–153.

（40） Ibid., Fourth Dialogue, § 10, p. 154. なお、バークリの視覚論については、冨田『観念論の教室』（ちくま新書、二〇一五年）七一ページ以下をあわせて参照していただければ幸いである。

（41） William Chesselden, 'An Account of some Observations made by a young Gentleman, who was born blind, or lost his Sight so early, that he had no Remembrance of ever having seen, and was couch'd between 13 and 14 Years of Age', *Philosophical Transactions*, 35 (1728), pp. 447–450 at 448.

（42） Hermann Andreas Pistorius, 'Erläuterungen über des Herrn Professor Kant Critik der reinen Vernunft von Joh. Schultze', *Allgemeine deutsche Bibliothek*, 66. Band, 1. Stück (Berlin and Stettin: Friedrich Nicolai, 1786), pp. 101–102.

（43） Johann Georg Heinrich Feder, *Über Raum und Kausalität zur Prüfung der Kantischen Philosophie* (Göttingen: Johann Christian Dieterich, 1787), pp. 57–58.

（44） これについては、冨田『カント入門講義』一二九ページ以下を参照されたい。

（45） 超越論的感性論における空間の観念化は、科学の成立可能性をめぐり、さらに由々しい問題を引き起こす。外にある物そのものと内的観念（ないし表象）からなる二重存在構造は、そもそも、古代以来、科学における新たな物そのものの仮説的措定によって成立したものであり、近代的観念語法を導入したデカルトも、こうした二重存在構造に基づいて、「外なる物体」と「内なる観念」の位置づけを行っていた。カントはもともと仮説的に想定されていたこの外なる物そのものを認識不可能な「物自体」としながらもその存在をどこまでも堅持することによって、自然科学的な視点からの新たな仮説導入の可能性を理論上奪うこととなった。なぜなら、元来日常的にわれわれが「物」と見なしているものとは異なるタイプの新たな「物そのもの」として仮説的に導入されるものは、それがわれわれの感官を触発する（刺激を与える）ことによって、われわれに日常的な「物」を（表象として）知覚させると考えられているのであるが、カントの枠組みでは、こうしたわれわれの感官を触発する物として、認識不可能な、しかも、われわれがアプリオリに持っているとされる空間概念やカテゴリーの適用されない物自体が、最初から置かれている。したがって、新たな仮説的な物そのものを導入しようとすれば、それは少なくともなんらかの仕方で感官を触発するという点で、物自体と競合することになり、しかも、われわれが持っている空間概念やカテゴリーが適用されない以上、そうした新たな仮説的な物そのものを構想すること自体、われわれにはそもそも不可能であることになるからである。カントの超越論的感性論のこのような根本的問題性については、Yasuhiko Tomida, 'Locke's "Things Themselves" and Kant's "Things in Themselves": The Naturalistic Basis of Transcendental Idealism', in Sarah Hutton and Paul Schuurman (eds.), *Studies on Locke: Sources, Contemporaries, and Legacy* (Dordrecht: Springer, 2008), pp. 261–275' もしくは、冨田『カント哲学の奇妙な歪み』第1章を参照されたい。

あとがき

本書は、二〇一五年から出版を開始した互いに関わりの深い一連の書の六冊目である。これまで出版したものは、次のとおりである。

『観念論の教室』ちくま新書、二〇一五年
『ローティ――連帯と自己超克の思想』筑摩選書、二〇一六年
『カント哲学の奇妙な歪み――『純粋理性批判』を読む』岩波現代全書、二〇一七年
『カント入門講義――超越論的観念論のロジック』ちくま学芸文庫、二〇一七年
『ロック入門講義――イギリス経験論の原点』ちくま学芸文庫、二〇一七年

また同時期に海外で出版された関連書に、次のものがある。

Yasuhiko Tomida, *Locke, Berkeley, Kant: From a Naturalistic Point of View* (Hildesheim, Zürich, and New York: Georg Olms, 2012; 2nd edn., revised and enlarged, 2015).

「まえがき」にも述べたように、西洋近代観念説は、復活した原子論の論理を大枠として形成されたものであり、もともと自然科学のある考え方をベースにしていた。言い換えれば、それは、その営みの担い手の意識の如何にかかわらず、もともとフッサールやクワインが言う意味での「自然主義」的営みとして開始されたものであり、バークリやヒュームやカントは、この「自然主義」的大枠をそれぞれの仕方で歪めていったというのが、自身の西洋近代観念説研究を通して得た私の見方である。本書は、『カント哲学の奇妙な歪み』に続いて、カントの『純粋理性批判』の基礎部分に焦点を当て、そこにどのような問題が含まれているかを明らかにしようとするものである。

私事ながら、私が「哲学」に進むことに決めたのは、二〇歳になる前、カントを理解するために彼の講義録を図書館の書庫で捜したり、それを求めて洋書を扱っている書店に出かけたりしていたある日のことであった。しかし、やがて私は、カントよりもデカルトやフッサールやバークリに惹かれ、フッサールを理解するために彼が師ブレンターノから薦められたイギリス哲学研究を自分でもたどり直すことになり、当時のイギリス哲学研究の論著の多くが分析哲学的視点から書かれていた時代であったことから、さらに分析哲学の研究に手を染めることになった。

それから長い月日が経ち、一〇数年前からまたカントに戻って今日に至っている。そのきっかけとなったのは、次の論文の公刊準備であった。

Yasuhiko Tomida, 'Locke's "Things Themselves" and Kant's "Things in Themselves": The Naturalistic Basis of Transcendental Idealism', in Sarah Hutton and Paul Schuurman (eds.), *Studies on Locke: Sources, Contemporaries, and Legacy* (Dordrecht: Springer, 2008), pp. 261–275.

今にして思えば、カントとは本当に長いつきあいである。カントには今のところ異議申し立てばかりになっているが、合意には至らなくとも、私の率直な発言の姿勢そのものは、彼もきっと理解してくれると思う。

本書を構成する六つの章は、すべて書き下ろしである。各章の論述は、私がこれまでの論著で提示してきた自身の西洋近代観念説理解を基盤としている。論著の多くは、海外で公刊されたため、我が国では必ずしもよく知られているとは言えない。そのことに鑑み、以下に主要なものを挙げておく。なお、関連する箇所については、適宜、注でこれを示した。

冨田恭彦「ロックの単純観念のある統一的性格」『哲學』（日本哲学会編）第三一号、一九八一年、一三五～一四三ページ。

――「ロックにおける経験的対象と物自体――「知覚のヴェール説」的ロック解釈に対する批判の試み」『思想』第七八七号、一九九〇年、一〇一～一一六ページ。

――『ロック哲学の隠された論理』勁草書房、一九九一年。

Yasuhiko Tomida, 'A Phenomenological Interpretation of John Locke's Distinction between Sensible and Intelligible Ideas', *Phenomenological Inquiry*, 16 (1992), pp. 5–27.

冨田恭彦「経験論の再検討――その自然主義的枠組みをめぐって」『アルケー』（関西哲学会編）第二号、一九九四年、一三七～一四五ページ。

――『クワインと現代アメリカ哲学』世界思想社、一九九四年。

Yasuhiko Tomida, *Idea and Thing: The Deep Structure of Locke's Theory of Knowledge*, in Anna-Teresa Tymieniecka (ed.), *Analecta Husserliana: The Yearbook of Phenomenological Research*, Vol. XLVI (Dordrecht, Boston, and London: Kluwer, 1995), pp. 3–143.

冨田恭彦「超越論哲学と分析哲学――デイヴィドソン的反表象主義と近代観念説の論理」『哲學』（日本哲学会編）第四五号、一九九五年、四七～五九ページ。

――「観念形成における自由と創造性――ロックの観念説解釈に向けての一つの試み」竹市明弘・金田晉編『久野昭教授還暦記念哲学論文集』以文社、一九九五年、四七～六八ページ。

――「「観念」の論理再考――デカルトにおける形而上学と自然学との間」『人間存在論』第一号、一九九五年、一一一～一二一ページ。

Yasuhiko Tomida, 'The Imagist Interpretation of Locke Revisited: A Reply to Ayers', *Locke

Newsletter, 27 (1996), pp. 13–30.

——'Quinean Naturalism and Modern History of Philosophy', *Annals of the Japan Association for Philosophy of Science*, 9, no. 3 (1998), pp. 27–34.

——'Yolton on Cartesian Images', in Tadashi Ogawa, Michael Lazarin, and Guido Rappe (eds.), *Interkulturelle Philosophie und Phänomenologie in Japan: Beiträge zum Gespräch über Grenzen hinweg* (München: Iudicium, 1998), pp. 105–111.

——'Descartes, Locke, and "Direct Realism"', in Stephen Gaukroger, John Schuster, and John Sutton (eds.), *Descartes' Natural Philosophy* (London: Routledge, 2000), pp. 569–575.

冨田恭彦「ロックの「観念」の論理空間・再考」『思想』第九一〇号、二〇〇〇年、六三～八四ページ。

——「心像論的ロック解釈の再検討」『思想』第九二〇号、二〇〇一年、七八～九八ページ。

Yasuhiko Tomida, *Inquiries into Locke's Theory of Ideas* (Hildesheim, Zürich, and New York: Georg Olms, 2001).

冨田恭彦「バークリの観念説の矛盾」『アルケー』（関西哲学会編）第九号、二〇〇一年、一五～二五ページ。

——「バークリ再考——ロックとの比較」『思想』第九二九号、二〇〇一年、九九～一一六ページ。

——「バークリ再考（Ⅱ）——物質否定論の諸前提」『思想』第九三六号、二〇〇二年、四一～六三ページ。

Yasuhiko Tomida, 'Locke, Berkeley, and the Logic of Idealism', *Locke Studies*, 2 (2002), pp. 225–238.
——'Locke, Berkeley, and the Logic of Idealism II', *Locke Studies*, 3 (2003), pp. 63–91.
——'Sensation and Conceptual Grasp in Locke', *Locke Studies*, 4 (2004), pp. 59–87.
——'"Separation" of Ideas Reconsidered: A Response to Jonathan Walmsley', *Locke Studies*, 5 (2005), pp. 39–56.
——'Locke's Representationalism without Veil', *British Journal for the History of Philosophy*, 13 (2005), pp. 675–696.
冨田恭彦『観念説の謎解き——ロックとバークリをめぐる誤読の論理』世界思想社、二〇〇六年。
——『アメリカ言語哲学入門』ちくま学芸文庫、二〇〇七年。
Yasuhiko Tomida, *The Lost Paradigm of the Theory of Ideas: Essays and Discussions with John W. Yolton* (Hildesheim, Zürich, and New York: Georg Olms, 2007).
——*Quine, Rorty, Locke: Essays and Discussions on Naturalism* (Hildesheim, Zürich, and New York: Georg Olms, 2007).
——'Locke's "Things Themselves" and Kant's "Things in Themselves": The Naturalistic Basis of Transcendental Idealism', in Sarah Hutton and Paul Schuurman (eds.), *Studies on Locke: Sources, Contemporaries, and Legacy* (Dordrecht: Springer, 2008), pp. 261–275.
冨田恭彦「認識論史の終焉」『岩波講座哲学 第一四巻 哲学史の哲学』岩波書店、二〇〇九年、一七一～一九五ページ。

Yasuhiko Tomida, 'The Lockian Materialist Basis of Berkeley's Immaterialism', *Locke Studies*, 10 (2010), pp. 179–197.

——'Davidson-Rorty Antirepresentationalism and the Logic of the Modern Theory of Ideas', in Randall E. Auxier and Lewis Edwin Hahn (eds.), *The Philosophy of Richard Rorty* (Chicago and La Salle, Ill.: Open Court, 2010), pp. 293–309.

——'Ideas without Causality: One More Locke in Berkeley', *Locke Studies*, 11 (2011), pp. 139–154.

——*Locke, Berkeley, Kant: From a Naturalistic Point of View* (Hildesheim, Zürich, and New York: Georg Olms, 2012; 2nd edn., revised and enlarged, 2015).

——'Experiential Objects and Things Themselves: Locke's Naturalistic, Holistic Logic, Reconsidered', *Locke Studies*, 14 (2014), pp. 85–102.

冨田恭彦「古典的経験論と自然主義」『人間存在論』第二一号、二〇一五年、七五～八五ページ。

——『観念論の教室』ちくま新書、二〇一五年。

——「カントの超越論的観念論の歪んだ論理空間——『純粋理性批判』の自然主義的基盤・再考」『思想』第一一〇〇号、二〇一五年、六八～九三ページ。

——「「ロックと言えばタブラ・ラサ」考」『人間存在論』第二二号、二〇一六年、四三～四七ページ。

――「カントの「一般観念」説と図式論」『思想』第一一〇八号、二〇一六年、一一七〜一三九ページ。

――『ローティ――連帯と自己超克の思想』筑摩選書、二〇一六年。

――『カント哲学の奇妙な歪み――『純粋理性批判』を読む』岩波現代全書、二〇一七年。

――『カント入門講義――超越論的観念論のロジック』ちくま学芸文庫、二〇一七年。

――『ロック入門講義――イギリス経験論の原点』ちくま学芸文庫、二〇一七年。

――「チャリティーの果てに――お答えと敷衍」『アルケー』(関西哲学会編)第二六号、二〇一八年、一五〜二七ページ。


久しい昔に母校京都大学文学部哲学科でご指導いただいた、故辻村公一先生、故藤澤令夫先生、山下正男先生、竹市明弘先生をはじめとする諸先生方、海外で久しくご指導ご鞭撻を賜った、故W・V・クワイン先生、故リチャード・ローティ先生、故ジョン・ヨルトン先生、故ローランド・ホール先生、G・A・J・ロジャーズ先生、故アナ＝テレサ・ティミニエチカ先生、故イアン・ティプトン先生に、心より御礼を申し上げる。

また、客員研究員に採用してくださり、西洋近代観念説研究を進める上でベストの環境をご用意くださったハーバード・イェンチン研究所とハーバード大学哲学科の関係各位、とりわけ、客員研究員としての採用にご尽力くださった今は亡きジョン・ロールズ先生に、この場をお借りして御礼を申し上げる。ハーバードのみなさまのお勧めと励ましがなければ、拙著『ロック哲学の隠された論理』

（一九九一年）の英語版 *Idea and Thing* の刊行はありえなかったし、それが *British Journal for the History of Philosophy* 等の専門誌で取り上げられることもなかった。そして、これを機縁としてさらに多くの方々が私の仕事を国際的に支えてくださるのでなかったとしたら、さまざまな点で従来とは異なる解釈（本書でのカント批判もその一環である）を提示する私の西洋近代観念説再解釈の仕事が今日まで続くことは、なかったであろう。

本書の出版にあたっては、勁草書房の土井美智子さんに大変お世話になった。私の最初の著書『ロック哲学の隠された論理』を同じ勁草書房から出版していただいたのは、今となっては遠い昔のことであり、こうしてまた同じ書肆から拙著を出版していただけることに感慨を禁じえない。気持ちとしてはあの頃と同じつもりだが、土井さんのお支えがなければ本書の出版はありえなかった。衷心より御礼を申し上げる。

二〇一八年夏

冨田恭彦

人名索引

ア 行

アエティオス　Ἀέτιος, Aëtius　234
アクィナス　Thomas Aquinas　152, 235, 246
アリストテレス　Ἀριστοτέλης　v, ix–x, 39, 48, 61, 111–112, 120, 127, 137, 150–152, 156, 183, 230, 234, 243
アルベルトゥス・マグヌス　Albertus Magnus　234
アンスコム　Gertrude Elizabeth Margaret Anscombe　249
アンダーソン　Abraham Anderson　224
ヴィトゲンシュタイン　Ludwig Wittgenstein　189, 249
ウォレン　Daniel Warren　244
ウルフ　Charles T. Wolfe　238
エックハルト　Meister Eckhart　235
エピクロス　Ἐπίκουρος　39, 143
オーバラー　Hariolf Oberer　239

カ 行

カウルバッハ　Friedrich Kaulbach　243
カルナップ　Rudolf Carnap　229
ガルフェ　Christian Garve　224
キケロ　Marcus Tullius Cicero　150
クリーヴ　James Van Cleve　224
クリース　Richard Creath　229
クワイン　Willard Van Orman Quine　vi, 33, 74, 93, 229, 239, 254, 260
コスト　Pierre Coste　233

サ 行

ジェサップ　Thomas Edmund Jessop　228, 251
シャピロ　Howard N. Shapiro　245
シュルツ　Johann Friedrich Schultz　218
スアレス　Francisco Suárez　235
スガルビー　Marco Sgarbi　229, 237–238
スコトゥス　Johannes Duns Scotus　152, 235, 246
スローン　Phillip R. Sloan　239
ズンバック　Clark Zumbach　240
ゼール　Gerhard Seel　239
セルビー＝ビッグ　Lewis Amherst Selby-Bigge　225, 241
ソクラテス　Σωκράτης　123–124, 183–184

タ 行

チェセルデン　William Chesselden / Cheselden　214–216, 218–221, 251
ツェラー　Günter Zöller　239
ディオゲネス・ラエルティオス　Διογένης Λαέρτιος　x
ティプトン　Ian C. Tipton　260
ティママン　Jens Timmermann　229, 241–242, 247

ティミニエチカ　Anna-Teresa Tymieniecka　227, 236, 260
ティーレ　Gotthelff Heinrich Thiele　233, 248
デカルト　René Descartes　iv, vi, x, 14–15, 19, 26, 33, 109, 143, 225–226, 245, 251, 254
トネッリ　Giorgio Tonelli　243
ド・レイク　Lambertus Marie de Rijk　243

ナ　行

ニーチェ　Friedrich Nietzsche　vii
ニディッチ　Peter H. Nidditch　225, 227, 231–232, 241, 245, 248
ノートン　David Fate Norton　225, 240
ノートン　Mary J. Norton　225, 240

ハ　行

ハイデッガー　Martin Heidegger　iv, 108–109, 236
バークリ　George Berkeley　vi, x, 19, 23–24, 139, 212–214, 217, 228, 250–251, 254
バーナスコウニ　Robert Bernasconi　240
バリッジ　Ezekiel Burridge　233
ハンソン　Norwood Russell Hanson　236
パンツァー　Ursula Panzer　240
ピストーリウス　Hermann Andreas Pistorius　218–220, 251
ヒューム　David Hume　vi–viii, x, 2–4, 6–20, 24–29, 32–33, 37–38, 43, 78–85, 89–91, 96–97, 108, 168–169, 172, 206, 222–228, 240–241, 254
フェーダー　Johann Georg Heinrich Feder　220–221, 251
フェレスダル　Andreas Føllesdal / Follesdal　238
フォースター　Michael N. Forster　224
フォン・アルニム　Hans von Arnim　234
フッサール　Edmund Husserl　73, 78, 93, 239–240, 254
プラトン　Πλάτων　39, 150, 183–184, 226, 230
フリクシュー　Katrin Flikschuh　238
プルーケ　Gottfried Ploucquet　153
ブレンターノ　Franz Brentano　254
ベイリー　Margaret B. Bailey　245
ヘーゲル　Georg Wilhelm Friedrich Hegel　iii, vi
ベットナー　Daisie D. Boettner　245
ペトルス・ヒスパーヌス　Petrus Hispanus Portugalensis, Peter of Spain　124, 126–127, 243
ヘント（ガン）のヘンリクス　Henricus de Gandavo　235
ボエティウス　Anicius Manlius Severinus Boethius　151, 246
ホール　Roland Hall　260

マ　行

マイヤー　Anneliese Maier　244
マリクス　Reidar Maliks　238
マルクス　Karl Heinrich Marx　vi–vii
ミニオ＝パルエッロ　Lorenzo Minio-Paluello　245–246
ムーチニク　Pablo Muchnik　224, 240
メラ　Sofie Møller　238
メリン　Georg Samuel Albert Mellin

244
メンデルスゾーン　Moses Mendelssohn　152, 154–155, 246
モラン　Michael J. Moran　245
モリニュー　William Molyneux　x, 172, 194, 206–210, 212–214, 217, 221, 250
モンディン　Battista Mondin　246

ヤ 行

ユークリッド（エウクレイデス）Εὐκλείδης　75, 189, 193, 205, 248
ヨルトン　John W. Yolton　260

ラ 行

ライプニッツ　Gottfried Wilhelm Leibniz　2, 36, 39, 223, 230, 237–238
ラスペ　Rudolf Eric Raspe　230
ランド　Matthew D. Lund　236
ランベルト　Johann Heinrich Lambert　248
リーズ　Rush Rhees　249
リッター　Joachim Ritter　243
ル・クレール　Jean Le Clerc　233–234, 250
ルース　Arthur Aston Luce　228, 251
ロジャーズ　Graham Alan John Rogers　232, 260
ロック　John Locke　vi–viii, 14–15, 19, 21–22, 26, 29, 32–40, 43–50, 53–66, 68–69, 74–76, 78–85, 88, 90, 97, 108, 139, 146, 148–149, 166–167, 172, 175, 177, 179, 185, 197, 199–203, 206–213, 217, 221–223, 225–228, 230–237, 240–241, 245, 248–250
ローティ　Richard McKay Rorty　vii, xi, 167, 240, 260
ロールズ　John Rawls　260
ロングネス　Béatrice Longuenesse　238

事項索引

ア　行

カ　行

サ　行

タ　行

マ　行

ヤ　行

ラ　行

著者略歴

1952年　香川県に生まれる
1981年　京都大学大学院文学研究科博士後期課程研究指導認定退学
　　　　博士（文学）
　　　　ハーバード大学客員研究員、京都大学大学院人間・環境学
　　　　研究科教授、同研究科長などを経て
現　在　京都大学名誉教授、同志社大学嘱託講師
著　書　『ロック哲学の隠された論理』（勁草書房）
　　　　『クワインと現代アメリカ哲学』（世界思想社）
　　　　Locke, Berkeley, Kant（Olms）
　　　　『カント哲学の奇妙な歪み』（岩波現代全書）
　　　　『カント入門講義』（ちくま学芸文庫）ほか
訳　書　『ローティ論集』（勁草書房）ほか

カント批判
『純粋理性批判』の論理を問う

2018年8月20日　第1版第1刷発行

著　者　冨《とみ》　田《だ》　恭《やす》　彦《ひこ》

発行者　井　村　寿　人

発行所　株式会社　勁《けい》　草《そう》　書　房

112-0005　東京都文京区水道 2-1-1　振替　00150-2-175253
（編集）電話　03-3815-5277／FAX　03-3814-6968
（営業）電話　03-3814-6861／FAX　03-3814-6854
理想社・松岳社

©TOMIDA Yasuhiko　2018

ISBN978-4-326-15456-2　　Printed in Japan

JCOPY ＜(社)出版者著作権管理機構　委託出版物＞
本書の無断複写は著作権法上での例外を除き禁じられています。
複写される場合は、そのつど事前に、(社)出版者著作権管理機構
（電話 03-3513-6969、FAX 03-3513-6979、e-mail: info@jcopy.or.jp）
の許諾を得てください。

＊落丁本・乱丁本はお取替いたします。

http://www.keisoshobo.co.jp

R・ローティ　ローティ論集　「紫の言葉たち」／今問われるアメリカの知性　冨田恭彦編訳　四二〇〇円

J・マーフィー　R・ローティ　プラグマティズム入門　パースからデイヴィドソンまで　高頭直樹訳　三二〇〇円

金　慧　カントの政治哲学　自律・言論・移行　A5判　四五〇〇円

萬屋博喜　ヒューム因果と自然　A5判　四七〇〇円

佐藤岳詩　メタ倫理学入門　道徳のそもそもを考える　A5判　三〇〇〇円

植原　亮　自然主義入門　知識・道徳・人間本性をめぐる現代哲学ツアー　四六判　二八〇〇円

柏端達也　現代形而上学入門　四六判　二八〇〇円

＊表示価格は二〇一八年八月現在。消費税は含まれておりません。